《经典》主题丛书

爱人同志

徐 累 主编

文化藝術出版社
Culture and Art Publishing House

图书在版编目（CIP）数据

经典——爱人同志 / 徐累主编．—北京：文化艺术出版社，2009.8

ISBN 978-7-5039-3853-5

Ⅰ．经… Ⅱ．徐… Ⅲ．艺术家－生平事迹－世界 Ⅳ．K815.7

中国版本图书馆CIP数据核字（2009）第134014号

学术顾问

阿城　陈村　陈丹青　范迪安　顾铮　江宏伟　李陀　刘丹　陆蓉之　吕敬人　孙甘露　谭平　王鲁湘　王受之　许江　止庵　朱朱

出品策划：今日美术馆

项目总监：张子康

爱人同志 Comrade Lover

主编：徐累

执行编辑：周嘉宁

责任编辑：胡晋

装帧设计：王海鲸

电子邮箱：classics2006@sina.com

图片摄影：今日美术馆影像艺术中心

编辑室电话：010-58760011-608

出版发行：文化艺术出版社

地址：北京市朝阳区惠新北里甲1号　100029

网址：www.whyscbs.com

电子邮箱：whysbooks@263.net

电话：（010）64813345　64813346（总编室）

（101）64813384　64813385（发行部）

印制：北京雅昌彩色印刷有限公司

版次：2009年8月第1版

开本：787mm × 1092mm　1/16

印张：10

字数：73千字

书号：ISBN　978-7-5039-3853-5

定价：38.00元

目录

爱人同志

1 “存在”与痛哭 萨特和波伏瓦的故事 于是
13 泥塑中的爱与泪 罗丹与卡米耶的故事 陆霄虹
27 被毁灭的白色玫瑰 王尔德的爱与死 离
41 逃遁与回归 欧姬芙与史蒂格利兹的故事 菊沐青
55 爱是身体里被损的器官 弗里达与里维拉的故事 赵荔红
73 世上只有一个李·米勒 何潇
91 谁是谁的“靶子”？ 劳申伯格、通布利和琼斯的隐情 罗玛

异志

103 来自中国的灵感 于雪

传韵

121 昭陵六骏 孟晖
131 花蝶犬鹤 《簪花仕女图》的性喻猜想 刘伟冬
137 登瀛洲 倪亦斌

朝花

147 惠斯勒先生的十点钟 奥斯卡·王尔德 译 杨东霞

笔记

151 马拉之死 马凌
155 青草无名 马凌

1946 年波伏瓦与萨特一起漫步巴黎街头。

“存在”与痛哭

萨特和波伏瓦的故事

文　于是

传记，来自亡者的新闻

我们长年累月地看名人传记，甚至在去年还有《波伏瓦画传》，真是别出心裁的狗仔时代读物。从手边这本《面对面》来看，传记确实是一样需要update的东西，每个时代都会有不同的解读方式（好比是操作系统），或者说，误读方式（好比是BUG），这既是资讯多寡的必然结果，也是时代话语限制令在起作用。更新后的新版本传记简直可以说是——来自亡者的新闻。

年谱式的记录中贯穿以翔实的各位情人的内幕，这一点恐怕不能称为“特色”，只能说是萨特（Jean-Paul Sartre）和波伏瓦（Simone de Beauvoir）的故事中必然出现的内容。在近十年间，我们在书店里可以看到不下十几本关于这两人情史（或各自的情史）的书，但大都是国人翻写的。《面对面》这一本是美国传记作家黑兹尔·罗利所著，此时，萨特和波伏瓦生前的信件基本上全部公诸于世，尤其是1997年出版的波伏瓦写给纳尔逊·阿尔格雷的情书、2004出版的波伏瓦写给雅克·劳伦·博斯特的情书这两本书的出版，将波伏瓦生命中另外两个重要的男人曝光出来，很多人都对这个女人产生了新的兴趣，虽然在数量上，她的情人远远不及萨特，但就年龄跨度、两性兼有的角度来看，足以超越萨特。人们收不住八卦之心，总想探究她和别的男人之间、乃至女人之间的情爱纠葛，所以，在2006年我们看到的《面对面》几乎可以说是迄今为止较为公正而完全的版本。

在《面对面》里，西蒙娜·德·波伏瓦痛哭了将近30次（掉一两滴眼泪的还不算，其中包括不下五六次哭得差点儿噎死）。这个数字令我大吃一惊。而且，每一次被记载在这里的哭泣都是因为寂寞。因为所爱之人不在身边。因为芳华老去。也许是《第二性》这样的书籍策划了她在我们心中的形象，而今被颠覆得好厉害。

假如你看了《面对面》，还会相信1988年版的《词语》扉页上写着“献给卓夫人”的注释吗？——“1954年5月26日至6月24日，让·保罗·萨特和西蒙娜·德·波伏瓦应邀访问苏联。他们跟陪同的法文翻译列娜·卓妮娜结下了友谊。1964年6月1日至7月10日萨特再度访苏，为卓夫人翻译的俄文译本《词语》写过一篇短序。”（《词语》）

她的情人远远不及萨特，但就年龄跨度、两性兼有的角度来看，足以超越萨特。

萨特在书房

波伏瓦的侧面像

这位卓夫人何许人也？是萨特当时最爱恋的情人，地位直逼波伏瓦，所谓的“再度访苏”实际上是萨特在两国关系紧张的情况下，借用“翻译”巧名为自己办好了约会的通行证，波伏瓦再度陪同，正如萨特在处理和别的情人关系时惯用的小伎俩——和海狸在一起是天经地义的，官方和媒体也不好指明萨特是去约会俄罗斯情人。《面对面》中则指出，这本书出版之后，萨特在给列娜·卓妮娜的信中写道：“这是献给你的，我的妻子，Z女士。”在莫斯科的那些日子，他感觉他们简直是一对已婚夫妇。在大会上，面对她紧挨着自己的美丽而丰满的身体，他时常感到羞怯。萨特尤其喜欢为列娜点着雪茄，喜欢那种十指相触的感觉。那么波伏瓦是如何表现的呢？她称赞她，还断言卓妮娜是萨特所有的女人当中和他最般配的。如果她（波伏瓦）发生了什么事，萨特会毫不犹豫地抛弃其他女人，立即出现在卓妮娜面前，萨特还对卓妮娜说：“波伏瓦简直就是真理的化身，多亏她告诉我你很爱我。”难怪，会有很多人（当然除了克格勃）相信，他们三者之间的是友谊。

波伏瓦的痛哭、暴走和黑色轿车

但波伏瓦显然在萨特面前也保留了太多私心的感受，当年她已经55岁，根据新曝光的资料显示，当时的波伏瓦不愿意承认：“当自己不得不向岁月妥协，自欺欺人地接受独居生活时，萨特就当着她的面公然追求美丽的列娜。但是当她想到将来的时候，难以掩藏刺骨的感觉：‘我现在非常

终其一生，她都明白，萨特不喜欢看到女人的眼泪。

波伏瓦在《名士风流》获龚古尔奖后与她母亲在家中　1954年

憎恶自己的模样：眉毛耷拉到眼睛上，眼袋下垂，两颊充满了赘肉，嘴角因为悲伤而泛起皱纹。时光一去不复返了，还有那个一去不复返的男人'。"这一些苦衷，她对萨特都没有说。曾几何时，她和他就已经违背了当年的誓约：对彼此毫无保留。

1963年，萨特还向列娜求了婚。自然，波伏瓦又是一场大哭。之前，萨特爱上美国的多洛莉斯时，她也一样。之后，她的7年同居伴侣博斯特爱上别人时，她也一样。每次痛哭，她都不会强求男人的选择，而是以她特有的"站在对方角度考量"的方式，让男人心甘情愿地接受被分享的义务。而她与众多女人分享男人的结果是不赖的，不少女人怕她就像怕婆婆。

除此之外，当我们再看波伏瓦的《女宾》、《名士风流》的时候，想必会自然而然地把人物与他俩和各位情人对号入座。波伏瓦无法改变生活的现状，却在小说中对别的女子醋意大发，甚至企图把某个第三者写成死亡的结局。

值得一说的是，终其一生，她都明白，萨特不喜欢看到女人的眼泪。似乎只有在母亲病危时，她才在萨特面前忍不住哭了个痛快。

爱哭的波伏瓦似乎更真实

如果当时有博客，他们俩、以及他们身边好友们的博客一定点击率惊人。日记和书信占据了他俩爱情关系的最多份额，萨特在二战时征兵入伍之后，两人也不停地写信，萨特后来的《存在与虚无》的思想素材就是成形于那个年代。邮差

《第二性》法文版图书封面

是他们该爱该谢的人，尤其相比于他俩疯狂爱过的其他选手。

是的，选手，他们遴选了性感的、温柔的、有天赋的各色女人，作为他们释放魅力的对象。很多人都是在半个世纪后才发现：自己和萨特或波伏瓦的情爱细节成为这两人私聊时的谈资。他们自有其洒脱，有其怨怒，也有残忍无情之处。

虽然波伏瓦被人冠以“存在主义教母”的美名，但她就像是萨特的翻版，以这种形势坚守她和他的阵地。她研究他所看的哲学书籍，为了追上他、审度他、评论他；她用他的语言风格说话，并用他的方式对女人好色；甚至在萨特把情人转变为法律继承人之后，她也把自己的情人收养为女儿，而有趣的是，那个女孩西尔维·勒波俨然就是波伏瓦的翻版。

读着读着，看波伏瓦每隔几十页就要痛哭一场，我甚至要觉得波伏瓦和街头哭诉的少妇没啥两样，都因为爱人劈了腿，还信誓旦旦说，最爱你。甚至在给美国恋人阿尔格雷的信里她写道：“既然爱情已经无望了，我决定把自己肮脏的心灵交给像男人一样愚蠢的东西：我把自己交给了一辆漂亮的黑色轿车。”

心理学家会说，哭是健康的。和萨特的其他女友（甚至和99.9%的女人）不同的是，波伏瓦坚持用写作和暴走来安抚难以承受的失落。哭泣不会使她丧失力量。没有人告诉她如何处理“萨波协定”才是最好，连她仿效的对象萨特也不能。

《词语》和《第二性》

在所有谈论萨特和波伏瓦关系的文本里，总是以萨特为主、波伏瓦为辅，更要命的是，萨特因为《词语》一书成了一个有前传的伟人，而波伏瓦却以《第二性》为代表作、《女宾》和《名士风流》等作为辅、《越洋情书》为重要脚注为结构记录了自己一生自愿被改造的过程，在认识萨特之前，她只是无数本书中的“闺中淑女”，这片记录的空白致使她的一生事实上从萨特的出现开始。

但是，通过传记和萨特的晚年访谈，我们可以得出这样的结论：《词语》与其说是自传，不如说是将个人素材重新演绎的小说。这本《词语》（又译《文字生涯》）貌似自传体小说，却无时无刻不在切片他成年后思想体系——“我当然是罗冈丹（《恶心》中的主人公），同时我是我自己，命运不凡的人，地狱的编年史，并对自己的原生质浆进行显微透视摄影。”

而看了《面对面》之后，才知道这本书束之高阁十多年，本是萨特丢在一旁的书，事实上，

“既然爱情已经无望了，我决定把自己交给了一辆漂亮的黑色轿车”。

波伏瓦和萨特经常光顾的地方

波伏瓦和萨特一起在电台做谈话节目　1946 年

这时候，萨特早已不再相信文学的力量了。他不止是放弃了这部小说，而是放弃了小说这种文学形式，甚至嘲讽波伏瓦还在笔耕不断。他更相信政治。后来在经济拮据时拿出旧稿来，因为当时他需要养活 9 个女人（在此之前，波伏瓦和他一起赚钱养活那 8 个，后来波伏瓦失业了，以稿费为生）。这本书可谓是救了燃眉之急。可萨特自己却觉得这本书大卖实在荒诞可笑。如此说来，我们的各种文本把这本书当作萨特的自传不断引用，大抵是非常莽撞的了。其实它更像是一个男人晚年时的人生定论。

波伏瓦有著名言论——“男人不是个自然物种：他是个历史观念。女人不是一个完成的现实，宁可说是一个形成的过程，正因为她在形成，才应当与男人相比较；她的潜能应当得到解释。”她的一生就是这个论题的写照，以致于实在分不清是亲身经历导致了现代女性主义基石文本模式的诞生，还是这种思路指导着她完成了和萨特纠葛的一生。《第二性》就和《词语》一样，是可供反观作者情感养成路线的第一手材料。仔细的去看，这俨然就是另一种自传形式，经过放大、并巧妙掩藏于女性千年历史的自我心路历程。

恰好，《词语》也几乎可看作萨特作为男性的养成过程。我们尽可以照波伏瓦对女人的观点，翻写为：萨特也不是个完成的现实，而是一个形成的过程。

《词语》不能看到萨特的童年，而《第二性》却足以窥探到波伏瓦的一生。

波伏瓦和萨特一起在街头散发《人民事业报》 1970年

在大约前半本书里，萨特以比惯常的哲学语言更刻薄、泼辣的语言贬讽了生父的缺失，以及随之而来的借住环境——全家在无神论、怀疑论和天主教、新教徒之间和平共处，只能以虚伪、自欺欺人、阶级满足感来搪塞表面的幸福。除了他的母亲安娜·玛丽，别的人都活在完美的假象中，活在幸福里。母亲和他相依为命，或者说相依为命地寄人篱下，既不可"篡位"成为一家之主，也不能不"表演"天伦之乐。因而，萨特仿佛是将自己的成年灵魂附体于儿童时代的自己，似乎"早早"地就看透了宗教信仰的本质，看透了资产阶级的附庸风雅，看透了自己内心的孤独。

所以我开始相信，《词语》不能看到萨特的童年，而《第二性》却足以窥探到波伏瓦的一生。

他要美貌而就近的女人

我觉得很有趣的是，关于萨特人们总是要提到他的丑、矮、粗笨眼镜、斜视乃至最终盲了，似乎这是为了让美丽的波伏瓦，及其他美丽的情人与之相映成趣，这种论调在我看来实在是刻薄而无理。只有少数女人为了男人的英俊而委身一辈子，大多数女人更爱依附于有名、或有才的男人，更何况，萨特对女人一向彬彬有礼，甜言蜜语紧着给，别人送珠宝，他则给两个女友送剧本。再仔细看呢，你还能发现萨特的大多数情人不是知识分子，只是"美貌"而"就近"的女人。

波伏瓦在构思她的第三部小说《人都是要死的》 1944 年

萨特左眼斜视十分严重，身材矮小，只有 1.58 米

就近，一方面正如波伏瓦指出的：萨特每到一个国家，都会爱上身边的翻译，将她作为那个国家的化身去爱。以致于，波伏瓦初到美国的时候，不禁有了“定向思维”，条件反射一般地想到：萨特给自己找了一个不错的美国情人，那我呢？于是，就有了阿尔格雷。这个男人唤醒了她沉寂的情欲，甚至让她决定去做长效避孕措施。最终，阿尔格雷却因为忍受不了她把床第之事写成小说而翻脸，直到他死前都是。波伏瓦的“情人就近原则”也能够在三四个女性伴侣上清楚所见。她和萨特在这个原则下稍有不同的是，波伏瓦一直都被人追，而萨特就像是孜孜不倦的猎犬一直追着别人。

萨特的就近原则也和波伏瓦有关：她会率先遴选聪慧美丽的年轻女子，明知道介绍给萨特后会有什么结果，还是义无反顾，他们就这样共享了情人（时间上有先后），甚至被某位家长告上法庭，罪名很难听，说白了就是控告波伏瓦是淫媒。这就算是萨特生命中女人缘的外部原因好了。

转而看内部原因，我们需要借助萨特的私人文本和访谈记录。他对女人撒的谎也足够写几出精彩的肥皂剧了。他去世之后，很多情人才恍然大悟，原来萨特骗自己这么久！竟然一点马脚都不露！而且，在他写给波伏瓦的信中将一切性爱细节都说够了，甚至不乏取笑和刻薄。

萨特并不喜欢性爱。他的自白大概能给 33 岁时就与萨特结束性关系的波伏瓦一丝安慰——“与其说我是女人的交配者，不如说我是手淫者。”暮年时，他还略带自豪的对朋友说，自己还要养活 9 个女人，他要对她们“负责任”。如果不负，会怎样？其实没怎样，没有人敢站出来声称那是爱情。她们每周只能（按小时）定时定量得到萨特的陪伴，即便没有性关系也有谈话和吃饭。“现在的问题不是取悦于人，而是令人折服。”——引用

1955 年的 9 月 11 日，应中国对外协会的邀请，波伏瓦和萨特来中国访问了 45 天

萨特每到一个国家，都会爱上身边的翻译，将她作为那个国家的化身去爱。

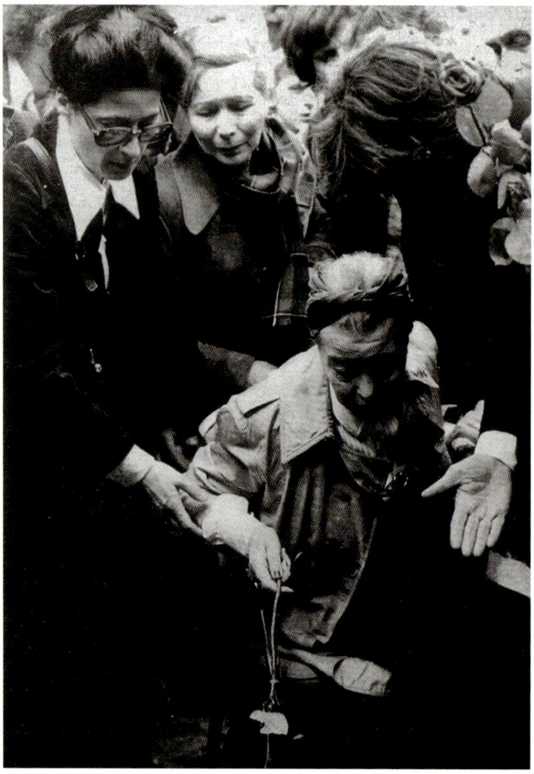

1980年4月19日，波伏瓦在众人搀扶下参加萨特葬礼，图中戴眼镜的为养女西尔维·勒波

《词语》中他对“童年”的定论，倒也很搭调。

但是，像科萨姐妹那样的情人其实将整个少女时期、少妇时期、中年时期都给了萨特，她们没有办法自己生存了，她们像服药一样需要萨特。更有因为萨特和波伏瓦之间的“自由”而终至抑郁、几近疯狂的年轻姑娘，这令他俩开始反思亲手造的孽。于是，萨特才会在晚年质问自由和责任的关系。但伤害已经造成了，他也刚好需要这种“责任”来满足自己的存在感。毕竟，他让童年的自己在书中言明自己企图被所有人需要，但那都是一场喜剧表演，同时，“我在反对自己时找到我自己，我立意自尊和残忍，反过来说，我变得宽宏大量了。”

只有波伏瓦是特例，她和萨特像缔结婚约一样结下“萨波协定”，简而言之，终生相伴，不要婚姻和小孩，可以共用情人，也允许对方追求别人。她答应他的这个足以气跑别的女人的条件时，萨特甚至都胆战心惊——因为他自己也没有经验，也需要在别的女人那里受到打击、厌倦、拒绝时，才能坚定爱波伏瓦的那部分心。套句俗话来说，波伏瓦是他的避风港，他只想在别的女人那里兴风作浪。

对于萨特这样的男人，女人和书籍一样，是积攒信心的账户，是自我存在感的脚手架。他曾在《词语》中这样谈论“幸福”——“有些人把死气沉沉的时光一扫而尽，有些人用新鲜的时光代替之，但一样的徒劳无功，然而，这种厌倦却被称为幸福。”就这样，为了不产生极端的厌倦，他将工作以外的时间平摊给了除了海狸之外的8个女人。

她和萨特像缔结婚约一样结下“萨波协定”，不要婚姻和小孩，可以共用情人，也允许对方追求别人。

戈达尔在雷诺工厂前用手提摄像机拍摄萨特　1970 年

19 岁的卡米耶·克洛岱尔在工作室工作的情形　1883 年

泥塑中的爱与泪

罗丹与卡米耶的故事

文　陆霄虹

他们曾是师生、情人、合作伙伴，他们也曾视对方为最大的敌人。罗丹（August Rodin）与卡米耶（Camille Claudel），长久以来，为众人所周知的，是罗丹、罗丹、罗丹——罗丹的艺术、罗丹的情人。卡米耶与罗丹，假以今天的目光，谁不是大师，谁又是谁的情人？

黏土、石块、粉尘、冰冷的空气、不断行走的裸体模特儿、忙碌的雕塑家和他的助手们，1883 年的一天，位于巴黎大学街 182 号的罗丹工作室迎来了一道阳光。19 岁的卡米耶·克洛岱尔站在这个至少高达 6 米的工作室里，看上去太渺小了。她走起路来有一点跛，然而此时少女狂野的美正鲜花怒放，高傲之至，又苛刻要求别人。弟弟保尔描绘她“傲岸的额头下面是亮丽的眼睛，深蓝色世所罕见，浓密的栗发披拂，垂至腰际。给人的印象是勇气十足，有优越感，逍遥洒脱”。她终于见到了自己的偶像，他满头红发、胡子浓密杂乱，看起来更像一个矮胖的中年石匠。此时，罗丹已经 43 岁。《青铜时代》已被官方接受，《地狱之门》创作正是高潮。

初次见面，看似彼此并不友好。他恼怒她打扰了自己的工作，她反感他蔑视的态度。

卡米耶很快进了罗丹的工作室。先是作为他的秘书，给他干各种杂活：打扫工作室、清理别人扔掉的废物、树支架。剩下的时间才留给她自己反复做雕塑练习，没有常规的休息时间。

在这个属于男人的大工厂，女人们一直只能以模特的身份出现。她们工作时必须脱光衣服，一刻不停地处于活动状态。她们必须屈从于罗丹的指令和审视。罗丹只雕塑裸体。

然而卡米耶是个例外。她，6 岁就用泥捏出第一件雕塑“作品”；12 岁拜师阿尔弗雷德·布歇。17 岁完成保尔的头像；18 岁自立雕塑室。造就她未来的因素已经具备：天职所在，意志坚强，热情也异乎寻常。她，是来做雕塑的。

几乎所有罗丹的女学生们都会如此介绍自己：“罗丹先生的学生。”

然而卡米耶是个例外。从 1883 年第一次参加巴黎美术展起，她就自称为“罗丹先生、布歇先生和杜勃瓦先生的学生”。“罗丹的学生”于她并不能代表太多的荣耀。她如此确定自己的才华，毫不怀疑，坚信属于自己的荣耀迟早将要绽放。

如果没有罗丹，卡米耶会成功吗？一百多年前，社会无法认可女性成为一位真正的雕塑家。

她如此确定自己的才华，毫不怀疑，坚信属于自己的荣耀迟早将要绽放。

最后的罗丹肖像　1917 年

19 岁的卡米耶·克洛代尔　1883 年

那时的雕塑本来就不许少女接近任何男性模特儿，因为这是男人的职业。“女雕塑家”被认为只能干些零碎活儿。少女卡米耶自行打开了这扇大门，但要付出多大的代价呀！卡米耶已经遇到了重重阻力，母亲咒骂、妹妹抱怨、社会嘲笑、舆论哗然。幸而父亲和弟弟深信她的天赋，支持她的选择。是的，她并不畏缩。她和其他有抱负的年轻女子一样租起自己的工作室，并且进入饶有声望，但较冷僻的克拉霍希学院就读。没有女性雕塑家的传统激励她们，她们也不曾幻想有一个传统。只是全力投入她们相信自己能力所属的，那个她们认知的艺术界。

同一时候，罗丹的经历已然很丰富。他精干识事，充分利用他的才干及交际手腕，进入沙龙画展展出并获得各种评价。在遇到卡米耶之前不久，他接受一项名利双收的艺术品委制工作，就是为艺术馆制造著名的《地狱之门》。他已经结识巴黎重要的知识分子，出入各种艺术、文学与政治沙龙。罗丹曾经有缘为许多大人物雕塑半身肖像，他的名字因此常和他们连在一起，其中包括罗丹说的“本世纪的巨人”——雨果。

然而，命运让这两个天才的灵魂相遇相爱了。爱情的悲剧也是以甜蜜开场的。卡米耶无法预知，她一生的不幸正要上演。她过人的才华将在罗丹的巨大光环下，久久被遮蔽、被掩埋。

她纯真活泼、独立自信、充满青春活力，她听从心灵指引从事艺术创作，才气逼人；他才华横溢、粗壮有力，处处展现大师风采。卡米耶的

罗丹 《吻》 石膏 1888-1889 年 罗丹美术馆藏

命运让这两个天才的灵魂相遇相爱了。

卡米耶·克洛岱尔 《罗丹像》 铜铸
1888-1889 年　罗丹美术馆藏

罗丹 《沉思》 大理石　1886 年

出现，让罗丹意识到自己仍是一个有很多渴望的男人，相爱似乎是理所当然的。于是，他们时常从工作室里同时消失。在那样的年代与一个未成年姑娘恋爱，是要跨越社会障碍的。对罗丹而言，好不容易建立起来的社会地位，很可能会无可挽回地丧失。半个世纪以后，惊世骇俗的毕加索，和情人玛丽·泰蕾兹的关系，都绝对地保密，直到她 21 岁以后。

脾性暴躁野性激情的罗丹，在他天才的性情里，走向一个个女性的身体，如同走向他的艺术品。在和卡米耶激情爆发的那些年，罗丹塑造出一批心醉神迷、激情荡漾的作品，其情欲的强度令那个时代一片哗然。也许本来就该到了这样的至境，也许更是卡米耶促成了这至境的到来。他这个时期的作品，你能听得见整个人体都在呼吸、在流泪，听得见人体所孕育的千言万语。

不久，她的头像，从罗丹充满爱恋的手里一个接一个地诞生了。《沉思》、《黎明》、《永恒的偶像》，那一张张仿佛从石头里钻出来的美丽的脸，见证了两人之间最隐秘的交流，见证了罗丹作为大师和情人的双重激情。只消看一眼《吻》。这一对令人颤动的情人如此幸福，以至于罗丹不得不把他们从地狱的这扇门中拉掉。

十几年里，在罗丹的创作中，处处可见她的影子。而她，则心甘情愿的做他的粗雕工人。尽管她无休止的劳作，署名为“卡米耶·克洛岱尔”

卡米耶·克洛岱尔 《萨昆塔拉》 铜铸 1888 年 私人收藏

那一张张仿佛从石头里钻出来的美丽的脸，见证了两人之间最隐秘的交流，
见证了罗丹作为大师和情人的双重激情。

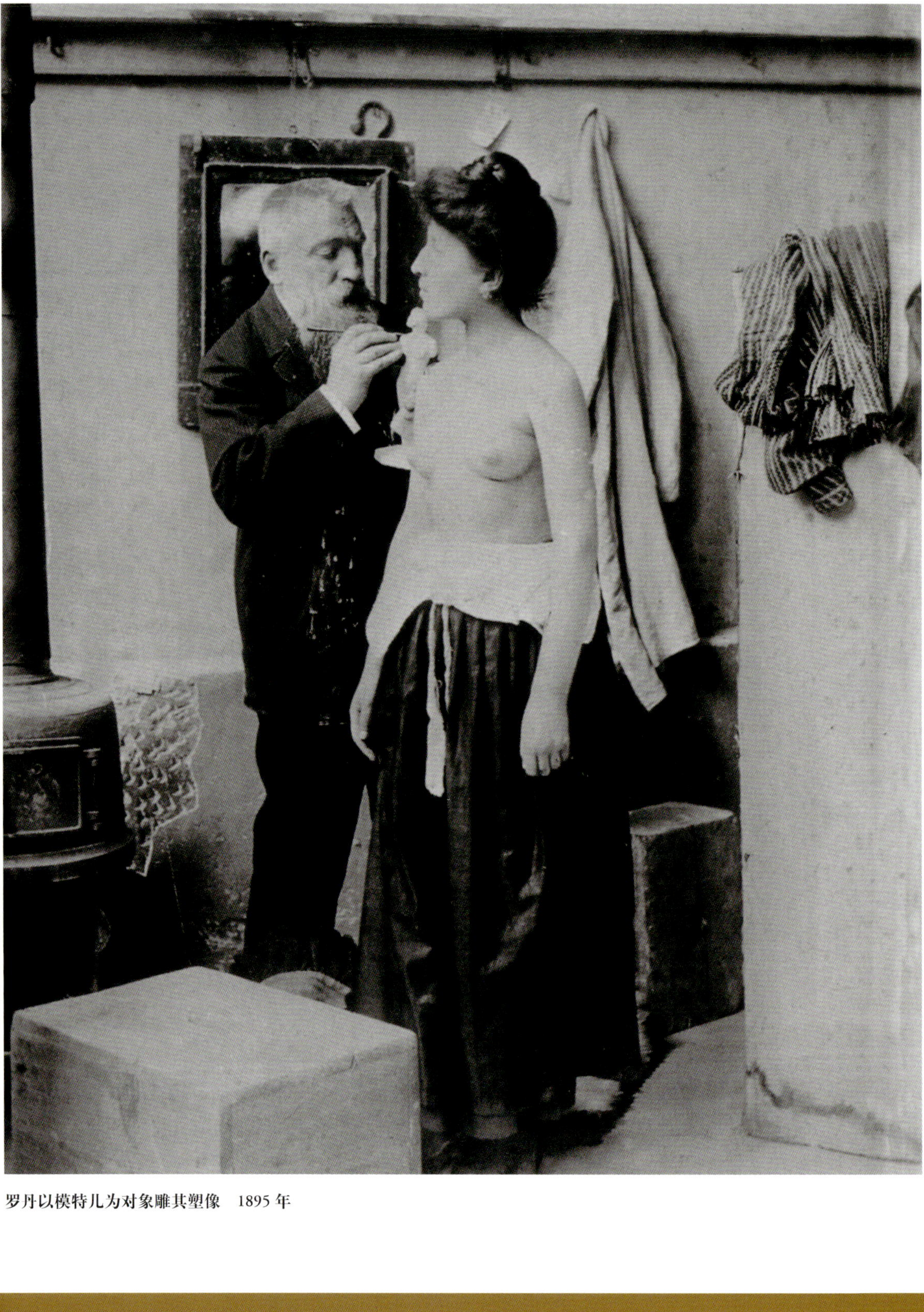

罗丹以模特儿为对象雕其塑像 1895 年

他只把一件事情看得最为重要，那就是他的工作。

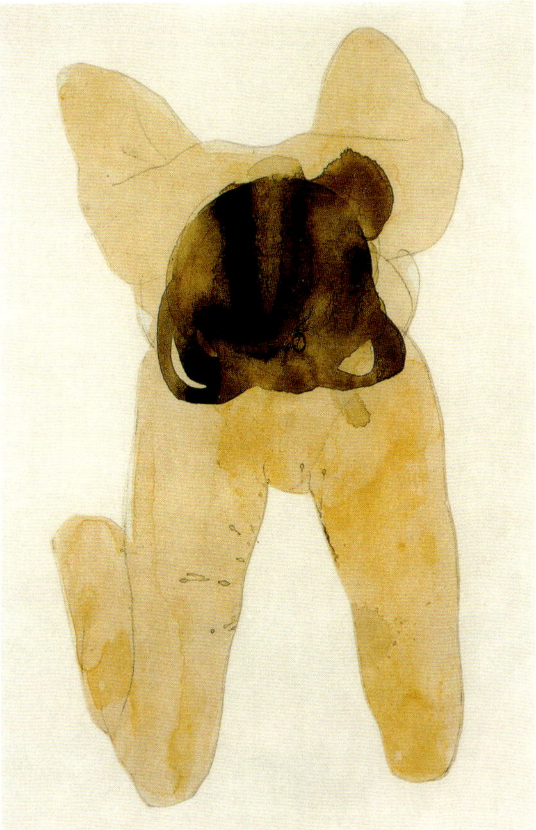

罗丹 《跪下的裸体》 铅笔水彩纸本 1910-1920 年

的作品却很少。没有证据表明罗丹给过她固定的工资，罗丹也并没有支付她当模特的酬劳。相反罗丹从卡米耶那里汲取的灵感使他创作了《地狱之门》、《吻》、《加莱义民》等享誉世界的名作，达到其艺术的顶峰。

卡米耶只为他做过一件头像。那是他不在身边时，她凭着记忆做的。她是罗丹塑像的第一人。她的《罗丹像》，以霹雳一般的概括风格，纯净有力地突现了大师其人。他不是美少年。如果非要找一个比喻，他更像古希腊神话里跛足沉浑的赫准斯托斯，那掌管火与土的铸造之神。

《罗丹像》也是他们爱的信物，是他们爱的顶点。此后这爱衰落破碎，像从高山上滚下的巨石。这破碎的声音在他们后来的作品里回荡，如卡米耶的《成熟》、《飞舞的神祇》，罗丹的《恢复健康的女人》、《炉火前的女人》、《永别》等。

父亲对卡米耶寄予厚望，自从女儿为罗丹工作，他开始替卡米耶担心。他质问女儿："加薪加了吗？ 他都按时付薪资了吗？" 听卡米耶说《加莱义民》快完成了时，他又问："那你呢？做了这件作品中的什么？ 自从你认识罗丹先生以后，你再没有做过一件自己的作品。我的女儿不能为了生存而等待罗丹先生，你的未来，是属于你的。"这一声深刻而严厉的质问，道破了那个一心想成为雕塑家的卡米耶，此时她已成为罗丹爱情的奴隶，在情欲的汪洋大海中迷失了自己，同时也坠入了男性中心主义为女性设好的圈套中：成为安分守己的妻子或安于沉默的情人。

丰富的创造力遮蔽了卡米耶的眼睛，她无法及时发现罗丹在感情上的摇摆和软弱。卡米耶已把自己的心交给了罗丹，并渴求罗丹赐予她同样的爱。卡米耶的爱执着而疯狂，纯粹而明确，她对雕塑的爱已经具化为对一个天才男人的爱。她卖力地为罗丹工作，竭尽所能帮助罗丹寻找创作灵感，全部身心地爱着罗丹，全忘了自己一直屈居在情人狭隘和屈辱的位置。

对于罗丹，无论是肉体上还是精神上，无论是艺术上还是生活上，他都需要卡米耶。他们彼此相爱，这是毫无疑问的，问题是这种爱情在罗丹和卡米耶心中各自所占的位置和分量，却不尽相同。

二人关系处于顶峰时，罗丹多年的伴侣罗丝对卡米耶发出了伤害性的警告。这时的卡米耶像一个普通姑娘那样向罗丹提出简单而决绝的问题："选择吧，我还是罗丝？" 作为女人，卡米耶需要婚姻的承诺；作为艺术家，罗丹只愿享受

罗丹与助手在其默东工作室中　1905 年

爱情的自由。他说："爱可以有不同的方式。给我时间摆脱她，罗丝她现在病着。"罗丝陪伴他一路走来,尤其是罗丹年轻时很绝望的那段时光。这个天才男人也像普通男人那样，不忍伤害这个已经没有什么魅力的女人。但是，这不影响他喜欢别的女人。他很想长时间与这两位女子为伴，卡米耶、罗丝。

事实上，不管罗丹是多么才华出众，仍然避免不了当时的风气，妇女天然被排斥在重大决策之外。尤其是他这种情况。女人必须顺从他那个特别膨胀的超自我的自我中心的需要。卡米耶，归根到底，也没有受到较好点的对待。

他反复说一个词"peace"（安静、安宁）。这个词，是成功型的中年男人最需要的。除了最重要的工作，他无暇顾及别的。他要安宁、从容地工作。他每天都像旋风一样，走路、工作，哪里愿意生活中起风暴？内心的风暴有助于激发更多创造力，而外部的风暴只能伤害这乘风破浪的创造性的时光。他已处在不愿选择，只需要拥有的年龄，他不要彻底，不要单一，要的是暧昧和丰富，要的是所有有助于他创造，有助于他飞升的生活。如果你非要让他选择的话，出于男人最理智最本能的选择，就是他不选择。罗丝这样总结罗丹："他只把一件事情看得最为重要，那就是他的工作。"

太年轻的卡米耶性情不免暴戾，怎能容忍这太模棱两可、若即若离的答案。矛盾爆发，无法

罗丹与舒阿塞公爵夫人在拜伦府　亨利·纽曼摄　1911 年

调和。于是，1898 年，她选择离开。

他们分手了。

安托纳·布代尔太太说过："他本来是想要让她们两个都留下来的。可是卡米耶不愿意。她当时很年轻，也很骄傲。她没有明白罗丹的意思，就离开了。"

他们之间是无法长久相容的。疯狂的爱，往往来源于疯狂的个性。何况，在艺术天分方面，他们仅仅是先后的问题，没有主次的分别。她与生俱来的雕塑的使命感太强了。她不可能满足于做大师的学生、爱人乃至缪斯。她必须成为她自己。

相爱时，卡米耶被罗丹称为"我的公主"。离开时，罗丹说："你成了我最强的敌人。"

无论如何，罗丹似乎作了种种尝试，想要她留下。在她最终离开时，他非常痛苦。但事实上，再痛苦，也不影响他继续有新的艳遇。

但她一生都不再有别的男人。罗丹不仅是唯一的爱人，也真的成为一个敌人。

卡米耶离开罗丹工作室，从当时她创作的自传性的名叫《成熟》的作品中，可以看出她当时的心情。卡米耶以传统模式描述她和罗丹绝交的故事。一个男人处于两个女人之间，年轻的女人跪在地上，双手哀告地伸向他；而他则被身后另一个衰老的女人抓住。这件作品前后有几个版本。在最早的版本里，年轻女人握着男人的手，放在自己胸前；而在后来的版本里，她连他的手也失

他不要彻底，不要单一，要的是暧昧和丰富。

罗丹制作了一半的卡米耶半身像

实际上，她确实是个艺术家，只是还没有被人所了解罢了。

罗丹 《逃亡之爱》 青铜 43cm×37cm×22cm 1881-1887年 罗丹美术馆藏

去了，他完全脱离开她，渐行渐远。

但是，年轻纯粹的卡米耶，她控制不住命运的缰绳。她不能够做到她所说的，“我希望我从来也不曾认识你”。和罗丹绝交后，卡米耶逐渐变得越来越孤僻，而且患有妄想症。虽然评论家格斯道佛·卡恩和一直忠心耿耿的莫朗，加上她的弟弟诗人保尔，都撰文支持她，还有商人尤金·布洛特竭尽所能地透过展览和复制品宣传她的作品，但是她的创作越来越少。她匿身于脏乱不堪的雕塑室，养了一大群猫，足不出户，使邻居们饱受干扰。她嚷嚷离开罗丹的事，指责他剽窃她的构想、诽谤她、以及暗中监视她，两人不平衡的关系扩大到了疯狂的地步。

然而这并不全是罗丹的过错。卡米耶的爱过于完整、纯粹，以致于带给两人太多紧张。这样年轻的爱，高贵得具有一种近乎荒诞的天真。在爱之外，这世界似乎对她已不存在，包括雕塑。这期间她也有不少作品，都是她在非理智的状态下，不分昼夜，拼了命去塑的；但是她在伤心绝望之际，又拼了命地把它们推倒、砸碎、埋葬。

罗丹本人完全承认卡米耶的才华，并且曾经想尽各种办法来鼓励她的事业。“我曾经指点她藏金的地点，可是她找到完全属于她的黄金。”多少年后，罗丹说：“实际上，她确实是个艺术家，只是还没有被人所了解罢了。”同时代的雕塑界经纪人莫拉尔特，曾为卡米耶正名，“卡米耶·克洛岱尔小姐与其说是个女人，不如说是个艺术家，是一位大艺术家，她的作品给予了她极高度的尊严”。

离开罗丹，卡米耶以蛰居的方式继续创作，并且拒绝罗丹任何形式的援助。她以为艺术的天分源于个人的内在，而且可以按照实际的成绩比例来判辨。或许正是出于卡米耶明显的乡土气息与女性成长背景，使她无法完全洞悉实际上任何艺术的事业都依赖机构组织、社交关系、财力上的自我宣传、及策略性的选择风格的立场。她也不了解，那些掌握公共艺术领域的在她看来只是“穿着差劲”的男人，使得她的专业名声，永远无法从男人对她的私生活的评判下脱离开来。在他们眼中，她的性别凌驾在她的作品之上，根据他们习素的假设，因为她是个女人，所以生来是性感的，而不是有智慧的人。他们因而认定卡米耶的性感是罗丹情欲的目标，所以，她的故事只能是他的故事中的一部分。

最初，她依然信心十足，以为人们最终会公认她的才华。然而，时光正在流逝。似乎女人唯有凭借青春美貌，才能达到社会上的优宠地位。当卡米耶开创事业的筹码逐渐流逝时，罗丹的艺术成就与他的性感魅力正开始欣欣向荣。艺评家和友人已然将罗丹比拟昔日的伟大天才：但丁、德拉克洛瓦、菲迪亚斯、雨果、多纳太罗，尤其经常提到米开朗基罗。

卡米耶先后有过罗丹四个孩子，但一个也没留下。对于一个女人来说，这大概是最致命的伤痛了。

到头来，她唯一的后代，只能是那些泥土做成的孩子：小沙特莱纳、小莱尔米特，天使一般的目光，凝望着尘世。

1913 年 3 月 2 日，深爱她的父亲去世，3 月 10 日她被家人送到精神病院。三十年间，再也没有出来，再也没有碰过雕塑。

1917 年，罗丹离世，在享尽了时间荣耀之后。他的遗愿是，要在自己的博物馆设一个展示卡米耶作品的地方。

1943 年，卡米耶孤独地死在精神病院。

卡米耶的一生变成罗丹私生活的一段插曲，而他变成萦绕她心头的挥之不去的幽灵，使她无法分辨过去和现在及她的生涯和心灵之间的不同。结果，他成就了自己，而她却终于一无所有。

天上的爱，在人间看来未免纯粹得有些脆弱；人间的爱，在天上看来却也丰富得过于功利。罗丹的情人，不是任何人间的女子，而是不会衰老、不会发疯的艺术本身。卡米耶的情人，最终只有罗丹。或许，悲剧在于，她放弃永恒以追寻罗丹，而罗丹却放弃了她以追寻永恒？

天堂近了，却还未达到；地狱远了，却还未忘却。原来，一切还在人间。

罗丹的情人，不是任何人间的女子，而是不会衰老、不会发疯的艺术本身。

罗丹《永远的偶像》 铜铸 1889年 罗丹美术馆藏

莫罗《出现》1874-1876年
莫罗多次描绘了莎乐美的故事

被毁灭的白色玫瑰

王尔德的爱与死

文 离

王尔德 1883 年自美归来时的模样

每个人都在毁灭所爱，却未必每个人都会死去

——《里丁监狱之歌》

“她就像白色玫瑰花的影子，映着银白的容貌。”

王尔德（Oscar Wilde）笔下的莎乐美被先知施洗约翰的美所吸引，而年轻的叙利亚少年又被公主的美所吸引。这出戏到了最后，他们纷纷死去了，叙利亚少年为了如同月亮一样的公主自杀，有银白色脚腕的莎乐美为希律王跳一支七重纱之舞，为了得到约翰的头颅，这样她便可以吻他的嘴唇，她尝到爱的味道原来是苦涩的。她在死寂的爱之间达到了美学上的高潮，接着自己也被杀死了。

在唯美主义者王尔德的笔下，美是必然会带来牺牲的。在美面前，一切都要臣服，如同大风吹过荒草四下倒伏，是全然的不可抗拒。因此，《渔夫与他的灵魂》里，渔夫为了小美人鱼而死；在《道连·格雷的画像》中，道连为自己的美而沉沦；《蔷薇与夜莺》中，为了一朵红色的蔷薇，夜莺耗尽了自己的心血。

她在死寂的爱之间达到了美学上的高潮，接着自己也被杀死了。

王尔德位于纽约的办公室毗邻欧文（Washington Irving）的寓所

奥斯卡·王尔德，出生于都柏林的文学之家，主张“为艺术而艺术”、“道德不应成为评价艺术的标准”的唯美主义者。年轻时他亦有一张优美的面孔，身材高大，鼻梁挺直，浓密的棕色卷发中分垂在肩膀上，喜爱穿着鲜艳华丽的衣服，绿色的丝绒斗篷、礼帽，在纽扣眼别一朵染绿的石竹花，或者手执一枝百合或向日葵，鹤立独行地穿过皮卡迪利大街。

特立独行的人总是有他值得骄傲的资本，王尔德一生将他的俏皮话写在剧作里。《温夫人的扇子》、《不可儿戏》都受到欢迎，他过海关时骄傲地说：“除了天才无可申报。”他在美国演讲的同时又嘲笑美国人：“好心的美国人死后都去了巴黎，坏心的美国人死后还留在美国。”他同时又将对美的体验写在散文与诗之中，在剧作《莎乐美》与唯一的长篇小说《道连·格雷的画像》中，他对美的描写中夹杂着爱的浓烈而至于死的冰冷，几乎是一种濒死的高潮体验。而这篇小说又由于隐藏的同性恋倾向而受到当时社会的诟病。

在近代，王尔德几乎成为同性恋的象征，由于其著名的审判，引起了同性恋平权运动的萌芽。据说幼年的王尔德曾被穿着女装，不知道对他之后的同性恋倾向是否有影响。在传记《王尔德的秘密生活》中，麦肯纳述说王尔德的第一个

身穿唯美主义分子服装的王尔德　阿拉巴马州　1888 年 6 月

特立独行的人总是有他值得骄傲的资本。

比阿兹莱为《莎乐美》所画的封面内页插画

比亚兹莱 《高潮》 1894 年

此为比亚兹莱读王尔德的《莎乐美》法文版后创作的插图，表现莎乐美捧着施洗约翰的头颅，亲吻他的嘴唇。莎乐美的表情与王尔德剧中想要表现的那种恶魔似的美感非常吻合。

情人是肖像画家弗兰克·迈尔斯，他们在一起同居了几年，后来迈尔斯又将他介绍给雕塑家罗纳德·高尔爵士。据说《道林·格雷的画像》中将年轻的道连带向堕落的臭名昭著的亨利·沃顿爵士，就是按照高尔塑造的。王尔德的情人名单里还包括拉斐尔前派的画家沃尔特·佩特，与他一生的追随者罗比·罗斯。王尔德在牛津认识的沃尔特·佩特，维多利亚时期保守的伦敦开出同性恋爱的花朵。虽然宗教与世俗价值观对同性恋爱的看法严厉，上流社会却充满了如柏拉图哲学里的感情，“年长男子对少年的爱”，那时候整个哈罗公学、牛津，到处是一对对的同性伴侣。1881 年，在王

在《莎乐美》之中，写的就是堕落的巴比伦公主，怎样由于想要一个吻而要杀死自己所爱的人。

图为在美国火车上贩售的讽刺文章封面，一份卖 10 分钱。王尔德成为讽刺漫画的主角。向日葵是当时唯美主义者常用的花卉图案

王尔德第四部也是最后一部成功的剧《不可儿戏》剧照，亚历山大与艾尼斯沃斯在《不可儿戏》中合作演出

尔德赴美之时，他与美国诗人惠特曼见面，并使“沃尔特·惠特曼的吻一直留在我唇上”。

在那个时代，同性恋平权运动还远未开始，连同性恋这个词都并不存在，在基督教教义中，同性恋行为是被严厉禁止的，《圣经》里明确地说鸡奸是一种罪行，只有将要被毁灭的堕落之城巴比伦与蛾摩拉才充满了这样的“罪人”。有趣的是，王尔德在《莎乐美》之中，写的就是堕落的巴比伦公主，怎样由于想要一个吻而要杀死自己所爱的人。

同性之间的感情并非罕见，古今中外，从柏拉图开始，莎士比亚也据说题诗献给同时代的演员；汉哀帝不忍惊起熟睡的董贤而割断袍袖；卫灵公与弥子暇分桃而食，留下“分桃断袖”的掌故；修建新天鹅堡最后离奇溺死的路德维希二世；法国诗人魏尔伦和兰波；拍出《爱比死更冷》的法斯宾德、金斯堡、纪德、田纳西·威廉姆斯、近来几乎所有一线品牌的男设计师，比起女子，他们更爱慕与自己更为相似的男子。男子对男子的爱，像临水照花一样，在对方身上看到自己，在爱之中，可能性也变得更多。

根据麦肯纳记述，王尔德在离开普拉托皇家学校的那一天，与他有着亲密“友谊”的少年到火车站向他告别，在火车即将开动之时，少年忽

阿尔弗雷德·道格拉斯勋爵（昵称波西）送给王尔德的题字照片

王尔德与阿尔弗雷德在露天餐厅用午饭　1898 年

然转身叫他的名字，并且吻了他。“在我还没反应过来的时候，他用双手捧起我的脸，吻落在我的唇上。随后，他就走了。”少年在王尔德的脸上留下冰凉的泪水，“这就是爱，”王尔德想到，“我呆坐了好长时间，脑子一片混乱，只剩下惊愕和懊悔。”那大约是王尔德对同性之间感情的启蒙。实际上，唯美主义的核心里也包含同性爱的萌芽，因为在禁忌之中寻找不受拘束的爱，在唯美主义者看来，才是真正不朽的纯粹之爱吧。无论是年长男子对少年的爱，无论他所爱的是他的青春还是在少年身上看到的消失的自己，还是莎乐美对约翰的爱，因为得不到而更加强烈的爱，因为不被允许而跃跃欲试的爱，这样的爱，是令人无法抗拒的毒药。多年以后，大概王尔德也未曾想到，唯美主义衍生出一个词“耽美”，用来描述男性之间的情爱，而耽美作品的读者却多是女人，何等讽刺。

他开初大约也爱过女人，给新婚的妻子写过甜蜜的信，可是后来，他越来越为有着轻薄美貌的少年所吸引。1891 年，说是命运也好呢必然也好呢，年近 40 岁的王尔德遇到了 21 岁的牛津大学生阿尔弗雷德·道格拉斯（Alfred Douglas），他叫他波西，在给他的信里王尔德这样写：“你那玫瑰叶似的红唇不仅生来是为了歌唱的，而且也是为了疯狂的热吻的，这真是个奇迹。你那纤细的金色灵魂行走在诗歌和激情之间。我知道，为阿波罗所钟爱的雅辛托斯就是在希腊时的你。”

波西是一个年轻的诗人，出生贵族家庭，在

他为他付出时间与金钱，像夜莺用心血染红一朵白蔷薇。

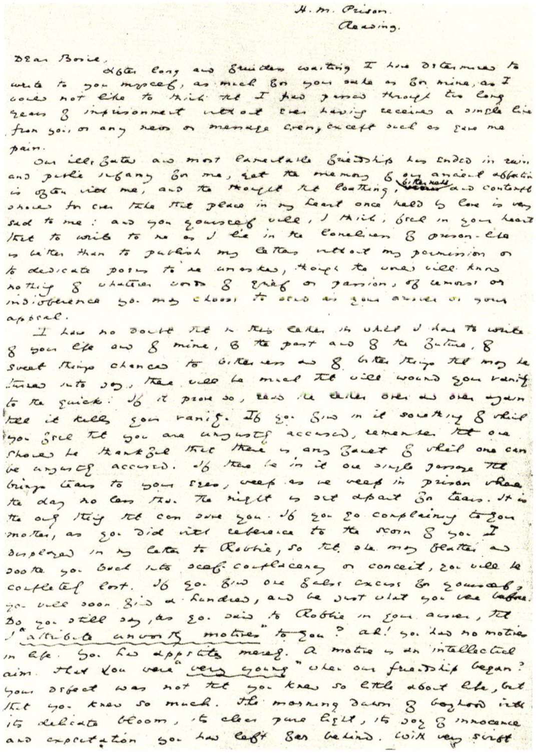
H. M. Prison,
Reading.

Dear Bosie,

After long and fruitless waiting I have determined to write to you myself, as much for your sake as for mine, as I would not like to think that I had passed through two long years of imprisonment without ever having received a single line from you, or any news or message even, except such as gave me pain.

Our ill-fated and most lamentable friendship has ended in ruin and public infamy for me, yet the memory of our ancient affection is often with me, and the thought that loathing, bitterness and contempt should for ever take that place in my heart once held by love is very sad to me: and you yourself will, I think, feel in your heart that to write to me as I lie in the loneliness of prison-life is better than to publish my letters without my permission or to dedicate poems to me unasked, though the world will know nothing of whatever words of grief or passion, of remorse or indifference you may choose to send as your answer or your appeal.

I have no doubt that in this letter in which I have to write of your life and of mine, of the past and of the future, of sweet things changed to bitterness and of bitter things that may be turned into joy, there will be much that will wound your vanity to the quick. If it prove so, read the letter over and over again till it kills your vanity. If you find in it something of which you feel that you are unjustly accused, remember that one should be thankful that there is any fault of which one can be unjustly accused. If there be in it one single passage that brings tears to your eyes, weep as we weep in prison where the day no less than the night is set apart for tears. It is the only thing that can save you. If you go complaining to your mother, as you did with reference to the scorn of you I displayed in my letter to Robbie, so that she may flatter and soothe you back into self-complacency or conceit, you will be completely lost. If you find one false excuse for yourself, you will soon find a hundred, and be just what you were before. Do you still say, as you said to Robbie in your answer, that I "attribute unworthy motives" to you? Ah! you had no motives in life. You had appetites merely. A motive is an intellectual aim. That you were "very young" when our friendship began? Your defect was not that you knew so little about life, but that you knew so much. The morning dawn of boyhood with its delicate bloom, its clear pure light, its joy of innocence and expectation you had left far behind. With very swift

《狱中书》的第一页

“上帝几乎将所有的东西都赐给了我。我有天才、名声、社会地位、才气，并勇于挑战知识。我让艺术成为一种哲学，让哲学成为一种艺术。我改变了人们的心灵与事物的色彩。我的一言一行无不让人费思猜疑。”

他留下的数张照片里，可看出他是完美无缺的金发美少年，好似古希腊神话里被水仙女们带走的许拉斯，又像迷恋自己水中倒影无可自拔的纳西索斯。在最初给他的信里，王尔德称他作“快活优雅的金色少年”，用玫瑰与百合相比，说他是希腊式的化身。在电影《王尔德》中，扮演波西的是年轻的裘德·洛，那时候的他一头金发，面孔清俊，有着轻薄的唇线和固执的下颌，在看着想要得到的人之时，眼睛里有小兽一样的光。电影里的波西因为年轻而显得无所畏惧，穿着贴身的礼服之时特别优美，且自知自己的美丽，他的爱是带有伤害性的，像所有年少无畏的人一样，他们任性、偏执，不怕伤害所爱，也不怕被爱所伤害。

在此之后，他们度过不少快活的日子。王尔德为了波西花钱如流水，“清爽的甲鱼汤，甘美的隐身于有皱纹的西西里的葡萄叶中的圃鸥，醇厚的琥珀色的、实际上几乎也是琥珀味的香槟酒……威利斯的晚宴，帕瑞尔·热威的特酿葡萄酒始终是为我们留着的，直接从斯特拉斯堡采办的馅饼，精美的袖口链口——四只心形的镀银的月亮石，底座交替环绕着钻石和红宝石……”在后来的《狱中书》中，王尔德在回忆里历数波西对他的不良影响，包括他们在三年内花掉了五千英镑，也包括波西的存在对他对于艺术的追求是一种障碍。

即使如此，他却仍然是爱他的。虽然后来王尔德在法庭上与《狱中书》中，一会儿说是“友谊”，一会儿又前后矛盾地说着“爱”。他为他付出时间

建于 1849 年的哈洛威监狱，王尔德等待第一次审判的时候就被关在这里

与金钱，像夜莺用心血染红一朵白蔷薇，他们争吵，用恶毒的语言攻击，好似夜莺心上插着一棵蔷薇刺，而在故事的结尾，在现实面前，红蔷薇被抛弃在冰冷的清晨，被车轮碾过。

之后在狱中，因波西而获罪的王尔德写道："我知道你不配得到我的爱，但爱是不能在市场上公开买卖的，商贩的天平对之也毫无用途。爱的快乐，就像思想的快乐一样，在于感觉到它自己的存在。爱的目的就是爱，不多也不少。"

而他也知道波西是爱他的，在对他的名声的崇拜与对奢侈生活的依赖之外，他对他是有点真心的。在他死后，波西写了《死去的诗人》：

昨夜梦到他
我看到他的面孔
闪烁着喜悦的红光
不见一丝悲伤
我听到他的金嗓子
像往昔一样　唱出无与伦比的歌曲
我注视着他的仪容
在平常之物掩映下隐约摆动
并且从虚空里制造奇迹异象
直到低贱之物覆上美丽
如同换了衣裳
整个世界好像变成了一个狂欢的魔域
忽然，我意识到在紧闭的大门之外
我正在为无法记录下来的词句而悲泣
已被遗忘的故事　以及似讲未讲的神秘

有可能已经描画出来的奇迹异态
还有像被暗杀的歌唱之鸟一样的无声思绪
就这样，我醒来了，才知道他已死去。

然而这样的日子也不长。波西与父亲昆士伯里侯爵素来不和，他对父亲的恨将他的性格扭曲，而他的父亲也对波西与王尔德的交往非常不快。在数次阻挠未成功之后，昆士伯里用恶毒的语言攻击王尔德，并留下一张字条，称他为“装腔作势的鸡奸者”。

波西因对父亲的恨，怂恿王尔德告他诽谤罪。骄傲的王尔德，忘记了他们身处的是保守的维多利亚时代，以为能够报这一记之仇。最终，他从原告变成了被告，他最初写给波西的信也被当作证据指控他。他没有想到他会为波西的恨付出这样的代价，因“严重有伤风化罪”判入狱两年。

王尔德在法庭上说了著名的一段话，来解释他对波西那“无法宣之于口的爱”：

这种爱是一位长者对青年人的一种伟大感情。比如大卫和约拿单之间存在的感情，比如柏拉图把它当作他哲学的基础的感情，又比如可以在米开朗基罗和莎士比亚的十四行诗中见到的感情——一种深沉的、精神性感情，它既纯洁，又极完美……它是美的、优雅的，是最为崇高的感情。而且，只要年长者拥有才智，而青年又拥有生命的欢乐和希望，它就不断地在年长者和青年间存在着。

在王尔德的作品里，这种爱其实早有端倪。他的《WH先生的肖像》里，WH先生是莎士比亚十四行诗中多次题献的对象，王尔德认为WH先生是伊丽莎白一世时代的一位男演员，威利·休斯，莎士比亚终其一生用他的诗歌向这位美貌

《里丁监狱之歌》书名页插图
王尔德在监狱中的人犯号码为C33，而这个号码也成了《里丁监狱之歌》书名页上作者的脸。

他没有想到他会为波西的恨付出这样的代价，因“严重有伤风化罪”判入狱两年。

王尔德之妻康斯坦丝

的少年表示其隐秘的爱慕。而王尔德的《道连·格雷画像》中，处处流露出对于俊美男性的仰慕与倾倒，那是只有隐藏的爱慕者的眼光里才能看到的男性之美。

在里丁监狱，素来唯美的王尔德不得不忍受被一个号码代替，做无谓的苦工，穿粗糙的衣服，由于不擅于打理自己，他在有人探访时，不得不用一块红手帕遮住面孔上的污垢。而最糟的是，在很长一段时间内，他不能得到起码的纸笔进行写作。而与此同时，波西却仍在享乐，且长时间未给他写一封信。相比之下，他的另一位同性情人与追随者罗比·罗斯却经常为他奔走，并在他出狱后陪伴他直到死亡。

王尔德的家产被拍卖，他所喜欢的波恩琼斯的画，他的图书收藏，最全的诗人作品，全部星流云散。他的妻子被迫带着两个年幼的儿子远走意大利，改姓为贺兰。多年后他最爱的长子被德国狙击手所杀，而他的幼子维维安·贺兰写下了《王尔德传》，用冷静的口吻描述着他一生的荣宠与挫折。

《狱中书》其实叫做《自深深处》，在给波西的这封长信里，王尔德把自己的沉沦都怪在波西头上，但是他又写："我除了爱你也没有别的事可做……你说出的每一个怨恨的字、每一句恶毒的话，都重新回到我的脑中；我回忆起我们一起去过的街道或河流，我们周围的墙或林地，表盘上的指针正指向哪一个数字，风的翅膀向哪一个方向飞去，以及月亮的圆缺和颜色。"他一边恨他，一边又仍然爱他。对他的没有想象力、奢侈、虚荣心，他全部都了解，又矛盾地像他自己笔下的莎乐美一样，一会儿赞美，一会儿诋毁施洗约翰。

是的，他不能承认波西的美是不存在的，在这之上，他带着矛盾的心情去爱他，并甘心被爱所摧毁。在里丁监狱，王尔德写下他最好的一首长诗《里丁监狱之歌》：

每个人都在毁灭所爱
有些在年轻时，有些年老
有些人爱得太浅
有些人却爱得太长久
有些人流下许多眼泪
有些人却不带一声叹息
每个人都在毁灭所爱，
却未必每个人都会死去。

与维维安所写的不同，在出狱之前，王尔德仍然在埋怨波西为何不给他写信，并希望与他再见。在长信的最后他对他说："对你自己来说，我归根结底只说一件事：不要害怕过去。"

王尔德　1882 年

我除了爱你也没有别的事可做。

王尔德墓地

我想这也是他想对自己说的话，不要害怕过去，不要害怕爱的伤痕。

王尔德出狱后，并未与妻子和好，他与波西过了一段日子，又分开。即使没有那一场牢狱之灾，他们大约也会一直彼此折磨。有些爱注定带着摧毁的属性，并非可举案齐眉那样平淡终老。

1900年，王尔德因为在狱中患上的中耳炎在巴黎去世。他只活了46岁。

每个人都在毁灭所爱，每个人最终都会死去，只是有的迟，有的早。

在《渔夫和他的灵魂》里，最后一段是这样的。

> 他的灵魂又恳求他离开，但是他不肯，他的爱太深了。海水越来越近了，它要它的波涛把他盖住，此刻他知道死期已近，他便疯狂地吻着美人鱼冰冷的嘴唇，他的那颗心呀都碎了。就在他的心充满了太多的爱而破碎的时候，灵魂找到一个入口就进去了，就跟从前那样与他合为一体了。海水终于用它的波涛淹没了这位年轻的渔夫。

如今王尔德的墓在拉雪兹神父公墓，墓碑的灵感来自于他的《斯芬克斯》。他的墓碑上印满了唇印。去岁在巴黎，我也在他墓上用唇膏写Jet'aime。有趣的是，留下唇印的大多是女人，她们爱他，因为他毕生称颂美，并身体力行，在心口插进一棵蔷薇刺。

每个人都在毁灭所爱，每个人最终都会死去，只是有的迟，有的早。

乔治亚·欧姬芙 《音乐——粉红与蓝 II》 油彩画布 89cm×74cm 1919 年

她从一枚镶嵌在他人生浮雕的钻石，最终挣脱所有的束缚和映衬，跳脱成为一个传奇。

逃遁与回归

欧姬芙与史蒂格利兹的故事

文　菊沐青

他们相遇时，他 52 岁，她 28 岁。

他已是美国赫赫有名的摄影家，她只是一名默默无闻的美术老师。

因为爱上她的画，他爱上了她的人。对她，他是热情的导师、狂热的仰慕者、渐渐衰老的父亲、忠实的捍卫者、不太忠诚的丈夫。

她懂得他的才华和爱，所以纵然屡屡为他所伤，亦不离不弃。对他，她是美丽的缪斯、难得的艺术天才、渐渐独立的女儿、不甘心失去自由的妻子。

他们共同走过 30 年的光阴。命运回转，他的光彩渐渐暗淡，她开始如日中天。

她从一枚镶嵌在他人生浮雕的钻石，最终挣脱所有的束缚和映衬，跳脱成为一个传奇。

没有遇到她，他依然是史蒂格利兹（Alfred Stieglitz）；没有穿越他，她却无法成为今天的欧姬芙（Georgia O'keeffe）。在他一生所有的创作中，她是他最成功的作品。

她说："他的摧毁力与他的建设力同样致命，两个极端同时并存。两者我都经历过，而且幸存了。但是，我想我只有在不得不生存下去的时候，才背叛他。"

单说爱情，他们不是最好的情侣。

但对艺术，他们却是最好的伙伴。

一、

乔治娅·欧姬芙的才华很早就已现端倪。这位 1887 年出生在美国威斯康辛州的阳光草原的农场主的女儿，12 岁便坚定了成为一名画家的理想。虽然家道中落和体弱多病使得她一再退学，天分的卓绝却让她始终行走在和绘画有关的道路上。

1916 年年初，她又回到了纽约艺术学生联盟继续进修。十年前的纽约艺术界，唯一能和弥漫的保守气氛相抗衡的，是摄影家阿尔弗雷德·史蒂格利兹所经营的"291"艺廊。正是在这里，欧姬芙参观了罗丹的素描，马蒂斯、布拉克、毕加索和美国本土画家约翰·马林、哈列特的作品。她丝毫预见不到，十年以后，自己将成为这个圈子中的一员。

1916 年，史蒂格利兹 52 岁，青春韶华并未白费，他已是纽约艺术圈举足轻重的人物。这位出生在德裔中产家庭的富家子弟，当看清自己无法顺遂家人的意愿成为出色的商人时，便买了昂

阿尔弗雷德·史蒂格利兹自拍肖像

阿尔弗雷德·史蒂格利兹 《进取之都》 1910 年

贵的摄影器材，绝然地投奔了自己热爱的艺术。游学欧洲帮助他认识了方兴未艾的欧洲现代艺术。回到美国后，他开设了“291”艺廊。在他的周围，很快便聚集起了一批美国本土新锐艺术家。他们相互砥砺，野心勃勃地要打造纯美国风格的艺术。史蒂格利兹正是他们的旗手。

此时，远在南卡罗莱纳教书的欧姬芙将一组抽象主题的炭笔画寄给了还在纽约艺术学生联盟的好友波莉泽，没料到波莉泽把这些画带给了史蒂格利兹。5 月，她重新回到纽约后，有人告诉她，她的画正在“291”艺廊展出。

欧姬芙和史蒂格利兹就这样相识了。她并不知道，他第一眼看到她的画时的怦然心动。他毫不吝惜地用“最纯粹、最精致、最诚挚”来形容这些画对他和“291”的意义。1917 年，他为她举行了首度个展，这虽然是“291”艺廊的最后展览，却是他们故事的新开始。在史蒂格利兹的支持下，1918 年，她告别了德州，迁居纽约。

刚到纽约的欧姬芙临时寄住在史蒂格利兹侄女的小画室里。还未提起画笔，她就先成为了史蒂格利兹的模特。一连许多天，他不分昼夜地拍摄她的身体。赤裸的、着衣的身体、沉静的面孔、凹凸的锁骨、瘦削的双手、峭拔的髋部。她的身体呈现出如同她的画一样令他着迷的特质。她看着镜头后狂热、专注、时而暴躁的他，欣然接受了他的仰慕。

这段崭新炙热的恋情宣告了史蒂格利兹和对艺术毫无兴趣的妻子二十多年婚姻的结束。他搬

阿尔弗雷德·史蒂格利兹 《乔治亚·欧姬芙》 1927年

乔治亚·欧姬芙 《通往月亮之梯》 油彩画布 1958年

进小画室，开始与欧姬芙同居。这是欧姬芙最后一段名不见经传的时光。1921年2月，史蒂格利兹在纽约安德森艺廊举行个人摄影展，展出的145幅作品中，包括45张欧姬芙的人体写真。这些美丽、神秘而又惊世骇俗的照片立刻引起巨大轰动。一夜之间，开幕之夜那个一袭黑衣，匆匆露脸就消失不见的神秘女人出名了。

他仰慕她，在他眼里，她是个了不起的女人，才华天成。他热忱操持着她的绘画事业。任何时候、任何场合、任何机会，他总是忍不住要和人提起欧姬芙，像个超级推销员。1923年初，他在安德森艺廊为欧姬芙策划了首次个人独立画展。在邀请函内页，他郑重推荐，称她为“纯粹的美国风格代言人”。欧姬芙再次成为纽约艺术圈的焦点，不同的是，这次是作为一名女画家。

然而，没等画展结束，她就深陷抑郁。这是她和史蒂格利兹间之后长久裂痕的开端。为了引起更大关注，史蒂格利兹有意地向艺评界暗示欧姬芙画作中蕴含的“性象征”意味。联系到之前那些惊世骇俗的裸体照，欧姬芙的画很快就被贴上了特殊的标签。这让将绘画视为灵魂之事的欧姬芙受到极大伤害，她努力辩驳，却显得苍白无力。最后，她只能在缄默中转向内心寻找出口。

尽管她是他仰慕的情人，此时的欧姬芙还只是史蒂格利兹身旁一个配角。 和史蒂格利兹一起出现在人群总是让她倍感压抑，“我不在乎是否引人注意。我真正在意的，是不想成为第二位、第三位或者第四位——我要居于唯一的地位。我喜

我喜欢单独跟史蒂格利兹在一块儿，那样的话，我在他眼里就是惟一。

阿尔弗雷德·史蒂格利兹 《乔治亚·欧姬芙：肖像——双手与葡萄》 1921 年

这些被史蒂格利兹冷落的花朵，却在 1925 年在安德森艺廊举行的“七个美国人”艺术展上得到了热烈的追捧。

乔治亚·欧姬芙 《东方罂粟》 油彩画布 76cm×102cm 1928 年

欢单独跟史蒂格利兹在一块儿，那样的话，我在他眼里就是唯一。但若有其他人在场的话，他就是中心人物，我则算不了什么。”

这位自负的导师却并不总是明智的。1924 年，欧姬芙兴致勃勃将自己画的大花展示给丈夫看时，史蒂格利兹却不以为然，“你敢把这些花拿去展览吗？”然而，这些被史蒂格利兹冷落的花朵，却在 1925 年在安德森艺廊举行的“七个美国人”艺术展上得到了热烈的追捧。史蒂格利兹既意外又欣喜，他抓住机会，又对欧姬芙的画进行了一次精心的炒作。报纸大篇幅报道，有人匿名以 25 万美元的高价买走了欧姬芙的四幅画。在当时，这笔钱足够买一栋豪宅或高级游艇。欧姬芙的名气如野火般燃烧起来。那幅卖掉的马蹄莲，结果出现在了安德森艺廊的经理人康那列家中。

经济上的宽裕，让他们有能力搬进刚刚建成的希尔顿饭店的顶层。在当时的纽约，他们是唯一能够终日在这样的高度注视纽约城的艺术家。此时的欧姬芙和几年前身无分文来到纽约城，一切必须仰赖史蒂格利兹时的情形已经发生了彻底的改变，而没有了艺廊收入的史蒂格利兹只能依靠家人的资助和欧姬芙生活。在他的帮助下，她用并不算艰辛的步履迈过了成功这道坎。现在，她站在了坡顶，如履平地，通向艺术腹地的道路

乔治亚·欧姬芙 《辐射大楼，夜晚，纽约》 油彩画布 122cm×76cm 1927 年

阿尔弗雷德·史蒂格利兹 《从希尔顿饭店眺望东河对岸的布鲁克林》 1931 年

似乎才刚刚开始，等待她继续探险。

二、

1924 年 12 月 10 日，当欧姬芙和史蒂格利兹在新泽西登记结婚时，她一身黑衣打扮，拒绝了法官要她复述一遍“爱、荣誉、服从”的要求。没有婚宴，没有蜜月旅行，没有花束。

她并不觉得婚姻有什么要紧。就好像，尽管她想要一个孩子，却并不觉得孩子的父亲有什么要紧。就连史蒂格利兹坚决反对她要孩子，她也并不觉得这是致命的问题。

她也从来不是爱情至上主义者。“认真工作的女人，自然能得其所爱……”“但凡爱情至上的女人，除了取悦男人外，恐怕无心做其他事。”——对待爱情，她有一种大女人的清醒和超拔。自然也有要命的事情：当她无法继续创作时，也就是她活不下去的时刻。

1927 年，欧姬芙经历了两次乳房手术。第二年 9 月，史蒂格利兹心绞痛发作。医生嘱咐他所有的食物都要事先过滤才能下肚。欧姬芙每天站在厨房那张粗糙的松木桌旁，陷入了单调粗糙的家务活中。结婚 4 年，她已经发现白头偕老这句

阿尔弗雷德·史蒂格利兹 《乔治亚·欧姬芙：肖像与牛骨头》 1931 年

灵魂中的崭新部分突然苏醒，古老的世界便让位给新世界。

话的重量。她真心爱他，可是她还有那么多的理想。

到了1929年夏天，欧姬芙已经接近精神崩溃的边缘。创作上，她无法作画，甚至觉得自己画的花美得像装饰画，毫无价值可言。就像1923年夏天，当她实在无法面对因为女儿患上产后抑郁自残而无比沮丧的史蒂格利兹，一个人躲到缅因州的约克海滩一样，她再次出走。

这次，她来到了新墨西哥州——早在十多年前，她和妹妹旅行路过时，就结下莫名乡愁的地方。三天三夜的车程，随着踏上新墨西哥辽远的土地，满心的阴霾一扫而光。等到秋天回到纽约时，她已经创作出了教堂、十字架等一批具有鲜明新墨西哥特色的作品。作品在史蒂格利兹的新艺廊“一个美国地方”展出。有人说，这些画弥漫着死亡的气息，映照出欧姬芙内心的苦痛。对这些误读，她一笑而过。新墨西哥对她而言，充满着D·H·劳伦斯所描述的意义，“在新墨西哥壮丽耀眼的早晨，人会惊醒过来，灵魂中的崭新部分突然苏醒，古老的世界便让位给新世界。”从这一年开始，几乎每年她都有将近一半的时间在新墨西哥度过。

然而，她从新墨西哥带回的明亮阳光，很快就被一场风暴一扫而光。

资助史蒂格利兹新艺廊的朋友叫多莉丝·诺曼。二十出头，风华正茂、年轻、美丽、富有。她是费城一家成衣制造厂的继承人，丈夫是一家邮购公司的继承人。1927年史蒂格利兹在自己的画廊遇到她时，便为她打开了一扇通往纽约艺术圈和美国现代艺术的大门。她热情追随他的艺术理想。几乎每天她都会出现在艺廊，看画，和他聊天，细心地做着记录。在他眼中，她是崭新的艺术品，让人欢喜，耐人寻味。他为她拍摄的照片，如同他凝视她的眼神。他教导她摄影，并送给她一台专业的照相机，鼓励她创作。他们成为了彼此的模特。这是一个曲折幽暗的甜蜜过程。她成

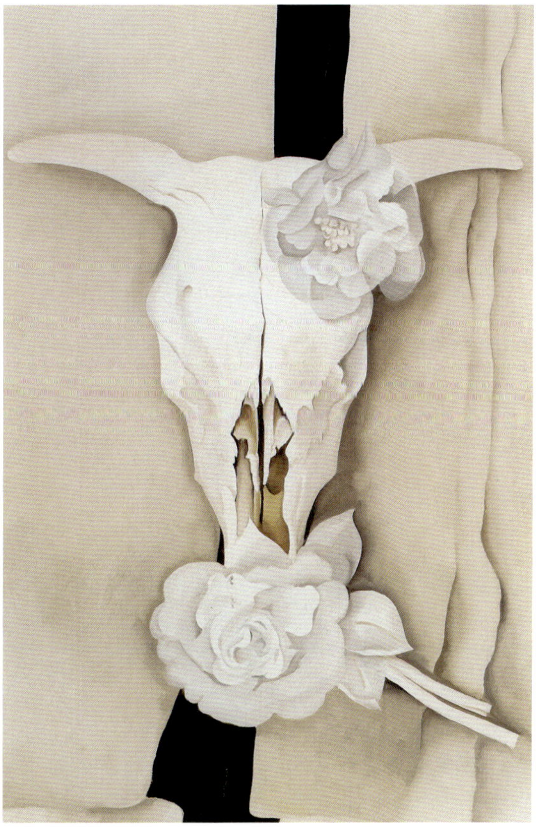

乔治亚·欧姬芙 《牛头骨与印花布玫瑰》 1932年

为了他的助手、情人和小孙女，填补了欧姬芙的出走在他生活中留下的大片空白和寂寞。

1931年，欧姬芙又回到新墨西哥州。很快她就收到了史蒂格利兹的来信，但却是一封给诺曼而不小心错投给自己的情书。嫉妒的本能仍在一瞬间覆灭了她。她立刻返回乔治湖，等回了从诺曼别墅返回的史蒂格利兹。争吵和质问没有得到任何结果。在欧姬芙和他的精神连理之外，史蒂格利兹的情感枝蔓已经悄然和诺曼纠结在一起。那种纠结复杂难断，强韧而紧密。

1946年史蒂格利兹逝世后，欧姬芙打电话请诺曼将“一个美国地方”属于她的东西搬走，并要求她永远不要再踏入画廊一步。听到诺曼的抗

乔治亚·欧姬芙 《骨盆 III》 油彩画布 122cm×102cm 1944 年

你已离我而去，你现在是在自己的国度里。

议，欧姬芙在电话里几乎是怒吼了："请你从我的生活滚出去。"——20年，嫉妒的魔鬼其实从来不曾离开过她的心，她只是远离了它，远离到它无法伤害自己的地方。

因着这桩背叛，加之史蒂格利兹强烈反对她接手商业设计，她的设计又遭遇挫折，接下来的两年，欧姬芙的精神全面崩溃，失眠、呼吸困难、厌食、落泪、害怕声音和水，医生诊断她为心理性神经失常，入院治疗。史蒂格利兹对她满怀歉疚，认为一切都是他造成。

1934年，她重新返回新墨西哥，开始把这里视为真正意义上的家。她要切断和史蒂格利兹的精神脐带。在日复一日的沙漠烈日或壮丽的晨昏光景中，那些曾经刺痛她的东西被淡置，如同不存在。这个天地带给她的欣悦，足以抵挡所有的嫉妒和忧郁。

每年漫长的分离冲淡了伤害，他们之间似乎也达成了某种谅解。1937年夏天，史蒂格利兹经历了严重的心脏病，被迫放弃摄影。他忍受着病痛以及和欧姬芙的分离之苦。远在新墨西哥的她在信中温柔地安慰道："听起来你在山上有点寂寞，多么希望我可以在你身旁陪伴你，我猜你所看重的我那一部分是留在你那里了，虽然我人在这儿。"

史蒂格利兹从未踏足新墨西哥州的土地。此时的史蒂格利兹已经将近八十，欧姬芙明白自己作为妻子的责任，但是她自己也要活下去。既然他无法与她同行，她就只能在妥协中，寻找夹缝中的自由。这之后10年漫长的光阴，人们总是在"一个美国地方"看到茕茕独立的史蒂格利兹，神情萧索地注视着墙上欧姬芙的画，在一日更复一日的衰老中等待着她的归来。

这一年，波莉泽专程到沙漠探望欧姬芙。欧姬芙开着车带她在沙漠中到处探险。回程后，她告诉史蒂格利兹欧姬芙在西部如鱼得水的生活。

阿尔弗雷德·史蒂格利兹与乔治亚·欧姬芙　1932年

他半信半疑，无法相信这个自己一手扶持起来的柔弱女儿，在没有他的世界会如此强悍独立。

1946年，欧姬芙一如既往抵达墨西哥，她收到了史蒂格利兹的三封信。他有些伤感地说，"真不相信，你已离我而去，你现在是在自己的国度里。"

三、

1946年，当她匆忙从新墨西哥赶回纽约时，他已经身陷昏迷，而且再也没有醒来。她身着黑衣，站在一片素然寂静的灵堂为他送行。没有音乐，没有花束，也没有哭泣。

他应该不会怨责，对她，他已经保持了这样

乔治亚·欧姬芙 《光出现在平原上 III》 水彩 1917 年

长久而无奈的忍耐。虽然时光已经在他们之间浸蚀出了一道鸿沟，然而共同的信仰却将他们一生牢牢连接在一起。所以，千山万水，她也要迢迢而还，送他最后一程。

接下来的 3 年时间，她放下画笔，将史蒂格利兹留下的数万封书信、照片、底片、图片和各种摄影器材一一处理，复制了其中最好的作品，将它们捐给了美国各大美术馆。然后，她决然告别，遁入沙漠。史蒂格利兹身后的声誉越来越高，人们说，正是由于欧姬芙的眼光独到，把这些作品放对了地方。

她从来不曾忘记自己是史蒂格利兹的妻子。1978 年，在策划史蒂格利兹为欧姬芙所摄肖像的展览时，组约大都会博物馆想说服欧姬芙将他的摄影作品以一种特殊的框裱褙起来，同时提醒她，他们也是这样处理伦勃朗的画的，她回应道：“那是因为伦勃朗夫人已经不在人世。”

他对她的捍卫更是从不曾迟疑，即便生命即将抵达终点。就在他逝世前两个月，组约现代美术馆举行欧姬芙回顾展。这次画展遭到了史蒂格利兹的反对。他很清楚，欧姬芙以直觉方法画了一辈子，和现代美术馆所追捧的当代艺术已经有了黑夜和白昼般的对比。果然，知名艺评家克莱蒙·格林堡撰文公然贬抑欧姬芙的成就，认为她那些注重奥秘和唯美的画跟不上时代的脚步，毫无价值可言。格林堡的观点立刻遭到了史蒂格利兹的大力驳斥。前往新墨西哥州的前一天，欧姬芙特地陪他前去看展览。她离开后，他写信给她，“我们是最好的伙伴，不是吗？”

在 1978 年和摄影展同时出版的同名摄影集中，年逾九旬的欧姬芙写下了这样一段话：“他的作品比他本人更加吸引我。我爱他这个人，也从未与他分道扬镳过，我想主要是看在他所取得的成就份上。无论他身上的强项还是弱点，我都心知肚明。毫无疑问，那太明显也太出彩了。所以，这种相互矛盾的荒唐我是能够容忍的。”

这一切，已经和史蒂格利兹无关。光阴的错落，让她无法见证他前半生的不凡，他亦错过她后半生的传奇。但是，相伴 30 年，这一切，已经足够。虽然她身体的一部分已经随他而死去，但是，另一部分的她，人生才刚刚开始。

在沙漠里，她仍然会拿出他留下的水晶球，想要和在另一个世界的他对话。无论多么老，和史蒂格利兹最初相识的片断，总好像是昨天。“你不知道自己的画多么特别。”他笑意盈盈的声音，好像还在耳边。

无论多么老，和史蒂格利兹最初相识的片断，总好像是昨天。

乔治亚·欧姬芙 90 岁时于新墨西哥幽灵牧场　马尔侃·维依摄　1977 年

迭戈·里维拉和弗里达　1933 年

爱是身体里被损的器官

弗里达与里维拉的故事

文　赵荔红

弗里达·卡罗(Frida Kahlo)一辈子只想做三件事情：与迭戈·里维拉（Diego Rivera）一起生活；作画；加入共产党。

1940年的墨西哥超现实主义展，弗里达也有两幅作品参加。布勒东看了弗里达的画后大为惊叹，认定她是不自觉的超现实主义画家，但弗里达后来予以否认。巴黎的超现实主义诗人画家是坐在咖啡馆里高谈阔论“心理的无意识状态”，而弗里达则是在病床上、轮椅上、窄小的空间里画下她的泪水、病痛、流产、性与爱。弗里达认为自己的作品不是“做梦”，不是弗洛伊德式的潜意识，而全都是活生生的事实。她的画作除了探索自我身体感受（生命过程），就是表达对里维拉的爱情；至于共产主义信仰，则随里维拉的信仰变化而变化，或者更多是出于想象。她说：“我一生中遭受了两大变故的折磨。其一是那场车祸；其二就是里维拉。”这就是她的画作所呈现的“事实”，尽管她在晚期试图更多地关注社会，但她所表达的还是自我的生命与爱情。当布勒东们在问“爱还是不爱，这是个问题”时，弗里达只有一个答案：爱。无可奈何地爱里维拉。我们可以从她的画作中非常明晰地找寻弗里达与里维拉之性与爱的波折的每一根曲线。

1929年8月21日，弗里达成为里维拉的第三任妻子。两人年纪差二十多岁，体重差三倍，但同样充满活力、富有激情且幽默机智，也同样任性、自我中心。这鸽子与大象的结合，奇妙、富有戏剧性，又那么天造地设、命中注定。前一年，弗里达刚刚结束与阿尔弗莱德的初恋，然后新的爱情降临了，一切生机盎然。值得注意的是，她戴上了富有墨西哥本土色彩的串珠项链、耳环。这是迎合里维拉的喜好。20世纪20年代后，墨西哥倡扬精神再造，艺术家普遍追寻社会主义与民族主义结合的浪漫。里维拉也是个墨西哥本土主义者，热衷收藏前哥伦布时期的民俗艺术品，尤其是阿兹特克玩偶。

项链成为了一种象征，一种他们爱情起伏的信号，变成弗里达的情绪表达。1930年的《自画像》中，弗里达穿领子敞开的绿裙子，项链不见了，脸侧微有阴影，淡淡忧郁且伤悲，那是在旧金山，弗里达第一次流产，而里维拉这期间与年轻助手有染，还迷上了网球冠军海伦·威尔斯。他们显然和好了，1933年《戴项链的自画像》中的弗里达是个成熟安宁的小妇人。但在《和猴子在一起的自画像》（1938年）中，弗里达戴一挂骨制项链，形同一条蛇盘绕脖子，加以表情凝重，肩膀边露出一只眼神空洞的黑猴，背景是黄绿色树叶，这些酝酿出某种不祥氛围，让人暗暗担心。事实上，

两人年纪差二十多岁，体重差三倍，但同样充满活力、富有激情且幽默机智，也同样任性、自我中心。

迭戈·里维拉和弗里达　维克特·雷耶斯摄　1929 年

弗里达·卡罗　《和猴子在一起的自画像》　油画　1938 年

1939 年，弗里达与里维拉就离婚了。离婚后 1940 年创作的两幅《自画像》，缠绕在脖子上的项链居然是荆棘，刺出点点斑斑血迹，如同基督的荆棘冠冕，喻示心灵与情感的受伤，也表明承受人世苦难和情感羞辱的勇气。

同样具有象征意味的，还有特旺纳服装。这种服装是墨西哥特旺特佩克地峡的女人所穿，多为紫色或红色绣花上衣长裙，镶嵌白色花边，隆重的场合还要戴上有褶皱的头巾。弗里达迎合里维拉的墨西哥主义倾向，结婚时就穿上特旺纳服装，又穿着这样的民族服装跟随里维拉去美国。在旧金山等地，鲜明的民族主义反倒成了时髦。对于弗里达和里维拉，特旺纳服装不但表明他们的墨西哥主义立场，具有政治性、文化性的象征意味，也代表他们自己的婚姻幸福，代表可回归的安宁家园。当主人公缺席的时候，服装甚至成了替代物、代言人。1933 年的《我的衣服晾在那里》，远处是广阔的天空海洋，自由女神像高高耸立，近景是资本主义大都市无特性的高楼，烟囱林立，镶嵌在黯淡、了无生气的哥特式教堂窗户的是红色美元符号 $，紧挨的窗户立着一个妖娆美女，而联邦大厦上粘着一幅标语："每周交易上百万"，近处的一个垃圾桶装满了热水瓶、玩具、脏布、骨头、血手等等让人恶心的一大堆，奇妙的是，两个分立的柱顶各放置着一个白色抽水马桶和一个高尔夫球金质奖杯，之间拉着一条蓝线，孤伶伶吊挂着一件特旺纳裙子，赭色绣花上身，嫩绿色裙摆，白色褶边，在一大堆毫无个性的现代生活装置上，很突兀地呈挂着这样一件鲜艳、生动的服装，服装成了弗里达的灵魂，极其明确

弗里达·卡罗 《我的衣服晾在那里》 油画 1933 年

特旺纳服装不但表明他们的墨西哥主义立场，具有政治性、文化性的象征意味。

弗里达·卡罗 《作为一个特纳旺人的自画像》
油画 1943 年

地表明了她对资本主义工业社会的批评，对墨西哥民族文化的热爱。当时里维拉为洛克菲勒中心画壁画，她在美国四年，对墨西哥思念之情，也在此画表白。更重要的是，在审美上，她与里维拉是一致的，也表示这期间他们稳定的婚姻关系，尽管时有波澜。

但是到了 1937 年的《记忆》里，与里维拉的爱情、婚姻危机通过服装呈现出来。在画中弗里达不再穿特旺纳服装，一身现代衣裙，局促的断手，一只病脚像一只行驶在水中的帆船；一根电车栏杆穿过她的胸部，穿过之处是个空洞，标识车祸带来的病痛，也表示心灵受伤；栏杆两头，各有一个爱的丘比特坐着跷跷板，没心没肺的样子；巨大的心脏落在地上，流淌着鲜血。弗里达身后悬挂着一件学生装，与她并排的是一件分离出她身体的特旺纳服装。青春年少已如学生装般远去，而代表婚姻和里维拉之爱的特旺纳服装则分离出她的身体，单独存在，她挽着服装的手，却不再与服装融为一体，服装不再代表她，好似这段婚姻正在慢慢远离她，而她兀自不忍割舍、死死挽留，但她知道无可奈何，眼睁睁看着受伤的心躺在地上，泪流满面。

弗里达的意象多么简单，多么直接，多么现实。特旺纳服装作为与里维拉的爱情婚姻的象征符号在她的画作中相当稳定地反复出现。1940 年弗里达与里维拉复婚，留下一张她穿特旺纳裙子、戴特旺纳褶皱头巾站在科伊奥坎蓝房子的照片，面带笑容。1943 年的《作为一个特纳旺人的自画像》，弗里达整个头部被特旺纳褶皱的白头巾裹住，从头巾散射出众多线条织成了一个网，在她严峻面容的额头当中，是一张里维拉画像，神色迷惘，感觉是被粘性的网缠住的一只灰色蜘蛛。弗里达是想用特旺纳头巾代表的婚姻之网牢牢控制住里维拉波动的情感、好色的个性么？

尽管从小弗里达如假小子一般豪气、调皮捣蛋，一旦开始恋爱，她就完全是个为情所困的小女人。（女权主义者大概不这么看！）看她给初恋情人阿尔弗莱德的信，她对自己与生具有的出色才华根本不屑一顾，无遮无挡，热烈而毫无心计地妥协于爱情，一心想做个“甜蜜的小女人”，“小得可以让你放在口袋永远带着”。当她嫁给了里维拉，她也是一心想安静地做一个小女人、好妻子。当时里维拉 42 岁，已经是世界著名的壁画家，而她，才刚 20 出头，在绘画界并不为人所知，她也无所谓。在陪伴里维拉去美国的 4 年中，她甚至不愿意告诉别人自己在画画，羞于把画作拿出来，满足于做一个名画家的美丽得宠的小妻子，尽管在社交界她以其聪明机智、良好的艺术判断力如鱼得水，但她并不以自己的才华为意。这时候典

弗里达在画《作为一个特纳旺人的自画像》，里维拉在旁观看　1940 年

弗里达是想用特旺纳头巾代表的婚姻之网牢牢控制住里维拉波动的情感、好色的个性么？

弗里达和里维拉与他们的宠物猴子在一起

型的画作是1931年结婚纪念日时赠给里维拉的《弗里达与里维拉》：画中的里维拉粗壮，稳稳扎着脚如同大象，穿钴蓝西装（她曾说钴蓝是电流、纯洁和爱），而她戴墨西哥念珠项链，穿绿色特旺纳裙子（温暖、高亮），披一条大红披巾（最具活力、又最古老），站在里维拉身边，小巧玲珑如里维拉收集的玩偶，她轻轻将手搭着里维拉的手，他们头顶一只鸽子衔着一条横幅："此时此地，你注视着我们，我——弗里达·卡洛——和我心爱的丈夫迭戈·里维拉。"这个"你"，有"上帝作证"的意味，弗里达似要以此画表达爱情的永恒性。奇妙的是，画中的两人，牵着手，身体却微微分开，她和里维拉望着同一方向，却各有独立的思考、独立的灵魂。这表明弗里达尽管迷恋里维拉，却试图保持独立人格；她深爱丈夫，却又暗暗恼怒自己的过分迷恋，试图挣脱这样爱的控制。因为她清楚地知道，里维拉虽也爱她，她却不是里维拉的唯一，里维拉爱艺术，更爱他自己，里维拉的生活还可能有其他女人，她，弗里达，只不过在里维拉心里相对重要。而对于弗里达来说，里维拉却是至关重要，是她的唯一。意识到这点，弗里达高傲的心感到恼怒，她就有意要显示出独

弗里达 · 卡罗 《亨利 · 福特医院》 油画 1932 年

立性。事实上，里维拉并不喜欢过于依赖而无主见的女人。在生活上，里维拉甚至非常依赖弗里达，艺术审美上也常常听从她的意见，这也是里维拉最终离不开弗里达的缘故。

但弗里达满足于做一个安静的小妻子的愿望并不能实现。里维拉一如既往地好色、拈花惹草，他自己根本也并不以为意，甚至并不认真体会自己对妻子的伤害会有多大。弗里达时时害怕失去他，渴望拥有一个孩子来拴住他的心，在这点上，弗里达并不比其他女人更独立，更有个性。所有女性，在处理情感问题上，采用手法和经历的心理历程都一样。她以为拥有一个“小里维拉”，就意味着把握一个可触摸实物的可靠爱情。所以她不听从医生劝告，冒身体不能承受分娩之险，一定要生一个小里维拉。但事与愿违，三次流产，令她痛不欲生。失去孩子的痛苦以及爱情无所归依的惶惑、自身的孤独感在《亨利·福特医院》（1932年）、《弗里达与流产》（1932 年）、《我与我的玩偶》（1937 年）中呈现。这些都还不足于让弗里达绝望和崩溃。直到 1935 年，她发现了里维拉与自己妹妹克里斯蒂娜的暧昧关系。

对里维拉而言，克里斯蒂娜并不比别的女人

三次流产，令她痛不欲生。

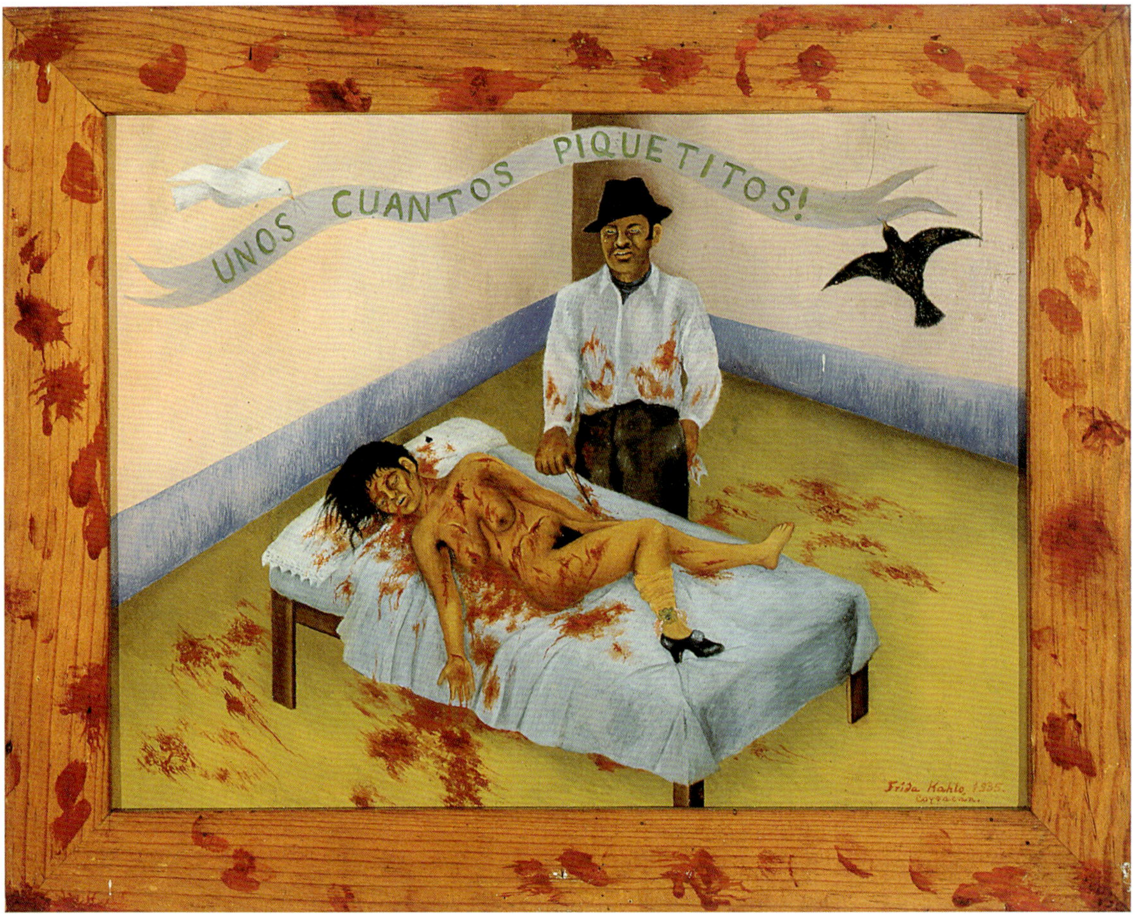

弗里达·卡罗 《稍稍掐了几下》 油画 1935 年

有什么特殊性，与她发生关系，也并不特别严重。他甚至将姐妹俩一视同仁地画到壁画上，买同样的家具送给姐妹俩。但对弗里达则意义完全不一样，两个都是她的至亲，之间的暧昧关系，意味着一种背叛，并且发生在眼皮下，在她和里维拉的家中，发生在最信任的氛围中，她难以忍受。心灵和肉体的伤害达到了极致，表现在《稍稍掐了几下》（1935 年）：画作取材于报纸，一个喝醉的男子将其女友扔在床上捅了十几刀，在法庭上却声辩自己无罪，说自己“只是稍稍掐了她几下”。弗里达赤裸裸地呈现这场血腥谋杀，一个黄色的房间（黄色，弗里达说代表了“精神错乱、恐惧、病态”），一张孤零零大床，躺着一个被捅了十几刀的女人，身子扭曲，点点斑斑恐怖的红色血迹散乱，血甚至蔓延到画框外，那个戴呢帽的男人兀自站在床边，拿着滴血的刀子，他甚至微微笑着看着女人死去。那男人有里维拉的样貌。弗里达以这幅画将自己的伤痛呈现，里维拉以为他的伤害只是“稍稍掐了几下”，对弗里达则是血迹斑斑。她对朋友说：“我几乎被生活谋杀了。”她所渴望的单纯的、永恒和谐的婚姻生活彻底破灭。于是她剪掉了里维拉喜欢的长发，（头发也是她和

迭戈·里维拉 《叙事的革命》 壁画 1923-1928 年

里维拉婚姻生活的一个象征符号，1935 年的《自画像》中弗里达只有满头小小的卷毛）也不再穿特旺纳服装。她从圣安杰尔的家中搬出去，独自住在一个小公寓里，这年 7 月又去了旧金山，算是对这样生活的一次逃逸。

当弗里达和里维拉稍作分离，从日常琐碎生活细节及争吵中摆脱出来，爱情再次回来。弗里达意识到她始终离不开里维拉，里维拉对她比什么都重要，她打算容忍里维拉的一切，接受既有现实，也打算开始新的生活方式。1935 年 7 月，弗里达给里维拉写信说：他和其他女人的事，“不过是男女之间的调情，但说到底你我才是彼此深爱对方，那才算是爱情，所以经历了无数次的冒险、打斗、诅咒、污辱、声明绝交——但我们将永远彼此相爱……我最终明白自己爱你胜过一切，虽然你并不如我爱你一样地爱我，但总还是有一点爱我的，是这样吗……我希望你的爱能继续下去，那我就满足了。”

弗里达回来了，但是不得以的选择。（女权主义者将她作为独立女性的表率，恐怕不能容忍这种解释）她改变了自己的生活态度，容忍里维拉的放荡生活，对所有的情人睁只眼闭只眼，甚至

他甚至将姐妹俩一视同仁地画到壁画上。

弗里达在工作室里　弗里茨·亨勒摄　1943 年

她不断地在绘画中确认并抵制自我的孤独感。

还热衷听里维拉谈论他的女人们，和妹妹言归于好，同时，作为报复，或者是对自己的安慰，也开始偷偷有情人，同性的，异性的情人，都有。他们似乎达成了共识。

弗里达似乎成为了一个同性恋者，与不同女子有暧昧的性关系。她后来追忆说她的同性恋始于读书期间被一个教育部女雇员诱惑。当时是一个丑闻，她写信给阿尔弗莱德说“我感到令人可怕的悲哀”。她并非天生的女同性恋者，不过是顺应二三十年代自欧洲而来的性开放潮流，一种时髦，一种对传统的颠覆。而此时，弗里达的同性恋则是无可奈何的，或者说，仅仅是自恋的一种表现。当她的爱情得不到有效、持续、忠贞的回应时，她寻找的、爱恋的只能是自己。每个女孩，自小都有一定的同性恋倾向。如果说，她寻找异性，是为了寻找与自己的差异，那么，寻找同性，则更倾向于自己的相同。当这个“我”悲伤、痛苦的时候，那个“我”就会伸出温暖的手，鼓励自己。弗里达后来回忆她6岁时，在玻璃窗上画了一个“门”字，就走进这个“门”，与门里的一个和自己一样的小女孩一起玩耍的情景——当一个女孩觉得自己被其他人背叛、抛弃时，她至少相信还有自己。这段时期创作的《两个弗里达》(1939年)就是这样的心理：在风云瞬间变化的天空下(飞转的时间、不可预知的命运、天意等等)，两个弗里达端坐在一起，一个穿特旺纳服装(橄榄色皮肤，代表她的墨西哥血统)，一个穿欧洲淑女裙（代表她的德国犹太血统)，两颗心脏有血管相联，代表血脉的联系，以及一体分裂的两个；穿特旺纳服装的还握着里维拉的像（更为依附)，表示对他的依恋，另一个则用剪刀剪去血管（更具独立)，血淋淋淌在白衣裙上，表示与过去悲痛的决裂；她们手握在一起，面部表情严峻、坚定，表达相互慰勉与鼓励，让自己坚强起来的决心。同一时期，

弗里达·卡罗 《弗里达与里维拉》 油画 1931年

《丛林中的两个裸体》(1939年)中，一个橄榄色皮肤的抱着一个白皮肤的裸女，代表欲望的猴子躲藏在树间探头张望，黄色基调象征着疯狂、病态；叶绿色有忧郁的意思。在《水之赋予我》(1938年)中，也有两个黑白躺卧在床上的裸女。与其说弗里达是同性恋，不如说她是自恋，自我的双重性。她喜欢照镜子，一而再地用自画像确认自我的面目、情绪、生活，也都是自恋的表现。她不断地在绘画中确认并抵制自我的孤独感。

里维拉并不责难弗里达的同性恋行为，甚至赞赏和鼓励。在他看来，女性恋爱是安全的，不构成威胁。而男人是危险的，有侵犯性的，他绝不容许，“我不能容忍和别人共用一个牙刷”。虽然他很明白，无论女人男人，都不过是弗里达的性游戏，他并没因此失去弗里达的爱。里维拉他自己可以胡作非为，但弗里达始终是他独占的“牙

弗里达·卡罗 《两个弗里达》 油画 1939年

两个弗里达端坐在一起，一个穿特旺纳服装，一个穿欧洲淑女裙。

刷”，私人财产，不容其他男人侵犯。或者是报复，或者是寻求安慰，弗里达实际上偷偷有了许多男性情人（被里维拉发现后，加深了他们的裂缝），最著名的有雕塑家诺古奇，还有就是流亡的托洛斯基。

弗里达的政治信仰读书期间就左倾，很难说不是风气影响，当时最时髦最前卫的艺术家是民族主义与社会主义的结合。何况1929年前里维拉是墨西哥共产党组书记。但1929年里维拉被斯大林主义者排挤，不得不宣布退党，弗里达也就退党，真正的夫唱妇随。里维拉虽然退党，共产主义信仰并没变，转而同情托洛斯基主义，并于1936年加入托洛斯基党。1937年他将四处避难的托洛斯基接到了弗里达在科伊奥坎的蓝房子住下。这期间托洛斯基夫妇与里维拉夫妇关系密切。也是这期间，弗里达与托洛斯基成为情人。但弗里达并不爱他。或者因为政治的虚荣，或者是展现魅力，30岁的弗里达热烈地诱惑老托洛斯基，但时间不长就厌倦了。可是在1937年11月7日，托洛斯基的生日，弗里达送给他一幅《自画像》，画中女子绯红脸蛋、梅红唇色、眉毛浓黑眼睛斜望，赭黄披肩、肉黄裙子、酒红上衣完美组合，鲜润艳丽，她站在白色帘幕下，手拿写有“全部的爱”献给托洛斯基的纸张。整幅画充满情色的诱惑力。在结束了与托洛斯基的情人关系后，她却以此画相赠，一方面只能说她本能地想保留在托洛斯基心中的美好印象，一方面却是要让里维拉吃醋。有意思的是，1940年托洛斯基被暗杀后，弗里达却在不同的场合抨击托洛斯基，因为那时候，里维拉重新变成一个斯大林主义者，而托洛斯基党在墨西哥倍受攻击。到弗里达去世前，弗里达已经完全是一个斯大林崇拜者，其遗作就有一幅未完成的斯大林肖像。

1935年，弗里达回到里维拉身边。虽然调整了自己与里维拉的生活方式，但她层出不穷的同性恋或异性恋故事，都无助于改变她对里维拉情感失落的悲伤。如果说《稍稍掐了几下》呈现了弗里达此时心灵和情感的伤害，而《一道开裂的伤口的记忆》（1938年）则记录了她在性爱上面的受伤与裂缝。画中的弗里达撩起她的特旺纳裙子，露出她左边的病脚（这期间她的病脚复发），病腿上长出枝叶；还有一处伤口在流血，是从她的私处，点点滴滴鲜血渗透出来，她微微张开双腿。一只手从裙子后伸进去，似乎在自慰。她头上戴满了花，脸上露出奇怪的微笑。这幅画表现她和里维拉在性上的伤害已经不可复原，伤口在滴血，甚至暗示她和里维拉已经不可能有性爱，她也不

查普特佩克公园的郊游　1938年
图中有弗里达·卡罗、迭戈·里维拉、托洛斯基及其妻子

弗里达·卡罗 《桃乐茜·赫尔的自杀》 油画 1939 年

能从其他同性或异性那里获得性的满足，只能自慰！弗里达性欲极旺盛，她对朋友说，她对生活的理解就是“造爱，洗澡，然后再造爱”。她天性如此，性爱的激情犹如爱情，犹如艺术。但这个时期，《我和鹦鹉》（1938 年）、《和猴子在一起的自画像》（1937 年），《与狗在一起的自画像》（1938 年）等，画中的弗里达与动物在一起，显得孤立、严肃，甚至流露出刻意的独立性，鹦鹉、蜘蛛猴、墨西哥犬作为雄性动物出现，代表了欲望。这些画暗示了弗里达孤独的被压抑的性欲潜流。

即便弗里达与里维拉想勉力维持婚姻关系，最终也不可能。心灵情感及相互间性爱的伤害已经将裂口越开越大。1939 年春，弗里达与里维拉分居，并于 10 月正式离婚。离婚对弗里达的伤害之巨大无可想象，她甚至想到自杀。这从《桃乐茜·赫尔的自杀》（1939 年）中表现，她的朋友桃乐茜·赫尔从曼哈顿汉普郡大楼跳下，弗里达画下她跳楼的一连串动作，如同动画一般，优美而恐怖，摔下来并没破碎，四溅的鲜血却从画框流出。这幅画如同弗里达自杀的预演，画面赤裸真实。1940 年的《剪短头发的自画像》再一次以剪掉头发来表示与喜欢长发的里维拉的决裂。这里的弗里达几乎是一个男性，穿西装、短发、独坐在一张放置于赭色大地的椅子上，孤独而决绝，剪碎的头发可怖地四散分落，紊乱，神经失常一般。但脸上的坚毅表情却意味着傲慢和对生活的不顺从。1937 年以降，她渐渐在画作上抹去了小女人特征，夸大了她身上的男性因素，如胡子、浓眉、短发和服装，面对公众，她也不再愿意依附里维拉做一个小女人，而是公然宣布自己是最出色的画家，并决心独立，靠卖画养活自己。她试图以自己男性的坚毅形象来战胜自己女性的软弱的情感需求。

离婚实际上只有一年，1940 年 12 月又复婚了。其实里维拉对弗里达的依恋并不亚于弗里达，弗里达的独立、有主见、才华及眼光，都深深吸引里维拉，并且弗里达深知里维拉的需求，理解他的生活方式及思想情感。弗里达与里维拉约定：经济独立，不能有性生活。复婚后弗里达不想再计较其他女人，她学会了“这样的生活”，她对里维拉的爱升华了，越来越多地扮演母亲的角色。从这个时期的自画像看，孤独与伤害依旧存在，面色严峻、坚毅，男性特征明显。1944 年后，弗里达健康状况日趋糟糕，做了几个大手术，这之后的画作主要表现她的身体状况及与生命坚强斗争的力量。和里维拉的情感纠缠在画作中表现得少了。一些研究者以为，弗里达一辈子的三十多次手术很多可以不做，她是想用自己生病的苦难来拖住里维拉的爱，有一种自虐倾向在里面，同时也以这种苦难来成就她的艺术。持这种说法的人相当冷酷。难道锯掉腿、被紧胸衣死死捆住、

弗里达·卡罗 《剪短头发的自画像》 油画 1940 年

她试图以自己男性的坚毅形象来战胜自己女性的软弱的情感需求。

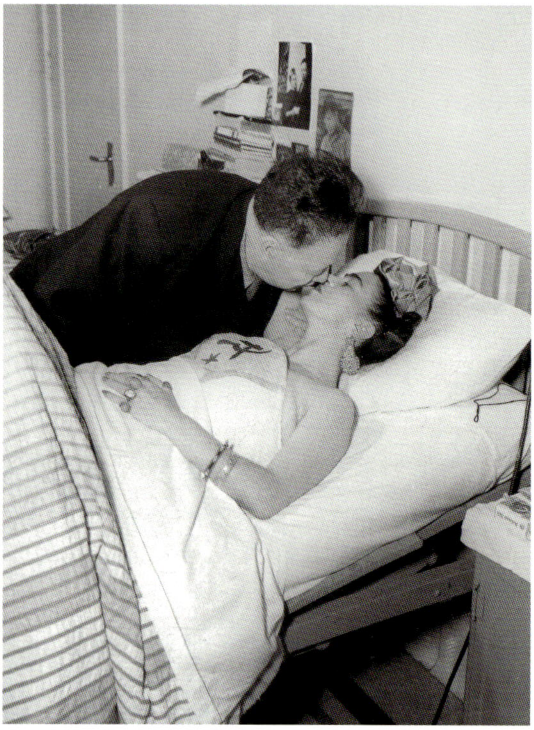

弗里达·卡罗和迭戈·里维拉在墨西哥的ABC医院　1950年

躺在床上几个月，仅仅是为了换取里维拉的垂怜、拖住里维拉的同情、让他不至于痛下决心离开她？（晚期，里维拉对弗里达病痛时的疯狂状态表现了极大的忍耐，看她受苦，常常偷偷痛哭，那是因为他真的爱她，而并非同情。弗里达死后，传说他吃下了一些弗里达的骨灰，这样他们就永远在一起了）难道弗里达不愿意做一个如她读书期间那个爱跳舞、骑着自行车到处飞奔的假小子？难道她非要去忍受痛苦而不去过一个正常人的生活？难道她的生活就必须用大剂量的吗啡、龙舌兰酒来麻醉，以至精神散乱？事实上，大量时间中，她是孤单地缠绵病榻，侧耳倾听忙碌的里维拉回家的消息。这期间，里维拉忙于赚钱支付高昂的医疗费。

1949年，弗里达与里维拉的婚姻再次面临危机，因为里维拉曾想与电影明星玛利亚·费利克斯结婚。这个事件再次刺痛了弗里达，她画了《迭戈和我》（1949年），画中里维拉神色茫然严肃毫无笑意地呆在她的额头，弗里达浓密的眉毛好像大理石基座，迭戈肖像如同永恒的纪念碑，而弗里达散着头发，面色平静，眼淌泪珠。她在日记中写道："迭戈从来不是，以后也不会是任何人的丈夫。"同年创作的《宇宙之爱》，更能阐释她对里维拉的超越男女之情的永恒的爱情：弗里达如同圣母玛利亚，穿红色（原始、古老）有白色褶边的特旺纳裙，怀抱赤裸身体婴孩的里维拉（有智慧眼，如同基督的死亡与复活），再远是如同印第安奶妈一般淌着血与奶水的女子的怀抱，代表墨西哥的传统与文化，再远就是宇宙了。 弗里达写道："迭戈：开始；迭戈：创造者；迭戈：我的孩子；迭戈：我的男友；迭戈：我的情人；迭戈：'我的丈夫'；迭戈：我的朋友；迭戈：我的母亲；迭戈：宇宙。一个多变的人"。

在弗里达的生命走到尽头之时（1954年），她在日记中写下了这几句：

我已经达成所愿
我将能够行走
我将能够画画
我爱迭戈
胜过爱我自己
我的愿望是强烈的
我的愿望留在这里。

（感谢由旭为本文提供部分图片）

弗里达在镜子前　罗拉·瓦雷斯摄　1942 年

李为帕图做模特　巴黎　1930 年

世上只有一个李·米勒

文　何潇

所有人都在等待李·米勒（Lee Miller）变成另一个卡米耶·克洛岱尔。这似乎已成了一种路径依赖，就像一场爱情电影开幕后，人们会惯性地将男女主角相遇的那一场看成是恋情终场时的原初隐喻——何况，这是在巴黎。

在巴黎，人们是这么干的

这两个故事看起来是多么的相似，年轻姑娘来到巴黎，在遇见自己的梦想之前，遇到了影响其终身的男人——这两个姑娘，甚至有着相似的明亮眼睛和相同的男孩气质。她们可能都还有这么一个箱子，满满当当的盛放属于她们的时髦衣物和人生理想——对付前者，她们有看得见保鲜期的青春作为本钱；对付后者，她们有无法目测的才能作为资本。接下来，她们会在这座城市里设立一个小小的工作室；再然后，她们将去拜访城里最具名声的大师，成为他们的模特、学生以及情人。—— 这两个姑娘，有着两个发音全不相同的名字，在1884年，她是一个法国名字，叫卡米耶·克洛岱尔；在1929年，她有一个美国名字，叫李·米勒。

所有人都在等待李·米勒（Lee Miller）变成另一个卡米耶·克洛岱尔。

曼·雷 《自拍像》 1932 年

曼·雷 《李的肖像》 1929 年

在李·米勒之子安东尼·潘若斯为其母所做的传记中，描述了李·米勒与曼·雷（Man Ray）的第一次会面。就像卡米耶·克洛岱尔主动去罗丹的工作室拜访大师一样，李·米勒找到了曼·雷的工作室，并期望在那里说服大师收自己为徒。根据安东尼描述，曼·雷的工作室“位于巴黎康帕涅街上，大概是全巴黎最为丑陋的‘新艺术’风格的建筑了”。让李·米勒失望的却不是这个，实际上，在这间丑陋的楼房里，她没能见到曼·雷。门房太太告诉她，曼·雷先生有事外出了。小姑娘只得转身离开，去到附近一家名为“Bateau Ivre”的咖啡店，借一杯加冰的茴香酒聊以慰藉。就在此时，大师出现了。

“他就像是从圆形楼梯上忽然浮现在地板上似的。”李·米勒后来在《Vogue》上写道：“他看起来就像一头公牛，有着非同寻常的体型，眉毛与头发的颜色非常的深。”根据李·米勒对这次遇见的回忆，这个临时拜师仪式伴随了一次突发的旅行。“我走上去，大胆地对他说，‘我是你的新学生’。他说自己不收学生，并且马上要离开巴黎去度假。我点头称是，并说，‘我与你一起去’，并且，我真这么做了。”很快，李·米勒获得了一个知名的头衔：曼·雷女士。“在巴黎，人们就是这么行事的。”李·米勒在回忆中写道。

这个“曼·雷女士”的故事，最终没有演变为另一出“罗丹与情人”。今天，人们讲起卡米耶·克洛岱尔的故事，称她为“罗丹的情人”，而不是雕塑家卡米耶·克洛岱尔。而人们谈起李·米勒，称她为：摄影师李·米勒、战地记者李·米勒、时尚模特李·米勒、高级厨师李·米勒、旅行家李·米勒、超现实主义者李·米勒……在她诞生 100 周年的时候，V & A 博物馆为她举行摄影纪念展，

曼·雷 《李·米勒》 1929 年

很快，李·米勒获得了一个知名的头衔：曼·雷女士。

曼·雷 《李·米勒》 1929 年

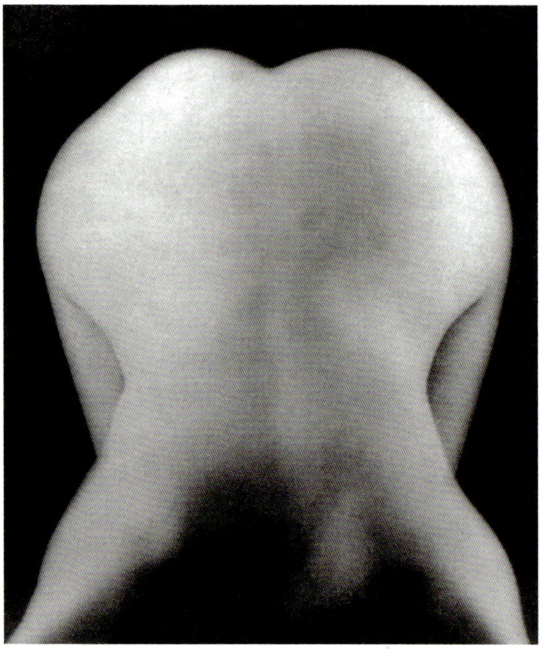

曼·雷 《裸背》 1931 年

名为“李.米勒的艺术”；世界各地的杂志为她制作特别专题，称她为独一无二的时尚史传奇人物、伟大的战地女记者——“曼·雷女士”这个古老的头衔，已经被人们遗忘在了上世纪 30 年代的巴黎。尽管在某些时候，人们会在摄影史里看到她的照片与曼·雷放在一起，但旁边的解释文字是：“她与曼·雷一起，发明了‘过度曝光’的摄影技巧。”

曾经是“某先生女士”的李·米勒，最终还是成为了李·米勒。

那个叫李·米勒的女人

“曼·雷的情人”这个头衔被公众颁给了另外一个女人，尤金·路易斯·吉诺（Eugene Loues Gillot）。她还有一个更为知名的名字，是海明威给的：“蒙巴那斯的吉吉”。吉吉有一把优美如大提琴的曲线，一个玫瑰雪般瑰丽的身体，以及一个所有艺术家都能辨别出的、风帆一般高高扬起的美丽臀部。在李·米勒刚到巴黎的 1929 年，吉吉在巴黎已经出了名，是蒙巴那斯众多艺术家的缪斯和“巴黎夜生活的顶梁柱”。曼·雷以她为模特拍摄了一组露骨的情色照片，名为“异想天开的 1929”，出版时附上了阿拉贡那首色情的小诗，把整个巴黎搅得心神不宁。在这一年，吉吉还出版了自己的传记，那位著名的海明威先生，破天荒头一遭为人做序，在序言中，他写道：“她一直是一位女王。毫无疑问，她对蒙巴那斯时代的主宰，远远胜过维多利亚女王对维多利亚时代的主宰。”

可蒙巴那斯的女王却被“那个叫李·米勒的女人”搅得心神不宁，她不喜欢这位初来乍到的女模特、女学徒，更不喜欢她与曼·雷形影不离。吉吉毫不掩饰自己的嫉妒，她与曼·雷吵闹、大打出手、大庭广众之下在咖啡厅里砸盘子。而李·米勒却在曼·雷面前对吉吉大加赞赏，称赞她漂亮得像一头蹬羚，“肤色极佳，可以胜任任何一个

爱德华·斯坦肯 《李·米勒》 1928 年

李·米勒有一把天生的“摩登女（Flapper）”身材，仿佛是贴着这个女权主义风生水起的时代剪裁而来的。

曼·雷 《李·米勒与她的父亲在一起》 1931 年

角色”。这话里透着些不以为然的轻蔑和高人一等的聪明，很有一些“不屑与汝争高低”的意味，看似轻描淡写，实则界限分明。

从照片上看，李·米勒与吉吉代表了截然不同的两种风格。吉吉是一个文艺复兴时代艺术家会憧憬的女人：圆润丰腴，周身透着从自然里生生剥下来的野性和真实，她的存在，似乎就是用来唤起巴黎的文明人意识深处的人本渴望的。而李·米勒映射的是另一个摩登的巴黎。李·米勒有一把天生的“摩登女（Flapper）”身材，仿佛是贴着这个女权主义风生水起的时代剪裁而来的：修长、瘦削、线条硬朗得像个男孩，却带着静雅淑贤的永恒女性气质——没错，她就是时尚摄影师们梦寐以求的那种模特。

在曼·雷的镜头中，李·米勒多是半侧面的美妇人，微倾的头颅，天鹅一样的颈部曲线，搭配适度虚化的背景，或者幽魂一样的二次曝光效果，影中人有婀娜之姿，却全无献媚之态，有希腊式的经典美。而在另一幅拍摄于 1931 年照片上，李·米勒像个孩子一样侧靠在父亲的肩上，让人联想到基督受难时的场景——她是所有父亲的女儿，所有兄长的妹妹，所有男人年轻时候曾经想保护的隔壁那个女孩。

1907 年，李·米勒出生在美国纽约一个殷实的中产阶级家庭，是家里的第二个孩子。

李·米勒与吉吉的不同是从童年开始的。在传记里，吉吉可以毫无顾及地谈论缺衣少穿的童年，以近乎欢快的语调描述“爱情是这样子的”和自己“终于成功的第一次”。这样的活泼与轻快，却绝不会出现在李·米勒的传记中。

人们更擅长谈论的，是 1926 年的李·米勒如何让人惊艳，如何在纽约大街上叫康德纳斯一眼相中，如何在年仅 19 岁的时候，就成了《Vogue》最受欢迎的女模特——而鲜有人会谈起，更早的时候，影响了李·米勒一生的那两个夏天。7 岁时，李·米勒被短暂地寄放在母亲的朋友家，其间，遭受到友人之子残暴的性侵犯。这给李带来了极大的心灵伤害——为了不让年幼的李·米勒留下童年阴影，父母只得教育她说，性只是一种生理行为，与爱并无密切的关系；而在几年后的另一个夏天，李遭遇了另一幕惨剧：眼见初恋情人溺毙水中，而自己坐在船中束手无策。

有人将此后李·米勒生命中的一切看似“无常”的境遇，归咎到这两个夏天留下的伤痕——人在年幼时经历了无常，会在成长后，不自觉地

李·米勒像个孩子一样侧靠在父亲的肩上，让人联想到基督受难时的场景。

以相似的无常心态来对待生活。李·米勒上过很多所学校，没有一次不中途退学。做过很多工作，却总在正当其时的时候改投它向：1929年，她是纽约最炙手可热的模特，却因“厌倦了只被拍摄”，而只身前赴法，投到曼·雷门下，学习摄影；1933年，她成了圈中最受欢迎的女人，几乎与整个巴黎的精英都有交往——抽象大师毕加索、达达主义艺术家马克斯·恩斯特、舞蹈家弗雷德·阿斯泰尔、小说家科莱特……而就在此时，她忽又全身而退，回到纽约成立了独立摄影室，开始时尚摄影师的生涯；一年后，她已经是纽约最知名的摄影师之一，帕图、香奈尔都成了她的固定客户，此时，她却宣布结婚，与丈夫一起离开美国，去了开罗；三年后，李·米勒放弃了这段安逸的婚姻，返回巴黎，并结识了第二任丈夫——超现实主义画家罗兰·潘罗斯（Roland Penrose）；二战爆发时，她服务于英国版《Vogue》，主动请缨去到战争最前线，开始扮演起生命中另一个角色：战地记者。她用镜头拍下了德军空袭伦敦的照片，题为《冷酷的荣耀：战火下的大不列颠》；1941年冬，她以美军随军记者的身份为《Vogue》、《生活》、《财富》等杂志发回纪实摄影报道；两年后，米勒随美国陆军登陆诺曼底，5天之后，发回了整整35卷胶片。

“好比一套被水浸泡过的拼图”，李·米勒形容自己人生的时候说道，“一片片画块发胀变形，彼此之间无法咬合。”

天空里的情人

李·米勒与曼·雷的结合显得相得益彰：她是他极佳的模特，他是她最好的老师，他们始终保持着各自独立的朋友圈，但他们的相处却决不容易。即使最坚定的超现实主义者，再如何信奉自由，在爱情里，也免不了遭受嫉妒与占有欲的折磨。而李·米勒对自由的信奉显然超过了任何一个超

李·米勒化妆成杜尚的“蒙娜丽莎”造型在巴黎的一个派对上，杜尚本人也在场，并对她的造型表示了认可　1954年

李·米勒为一个时尚杂志的自拍像　纽约　1932 年

现实主义者，她恋爱自由的原则是完全站立在男性观点上的：决不为了现有的关系而放弃任何一次可能性的肉体的欢愉，而且，这与她爱谁又有什么关系呢?

让曼·雷饱受折磨的，不只是李·米勒的不可捉摸，她从不间断的韵事更让他觉得无法忍受。曼·雷不断地给她写信，请求她给与忠贞，不论虚实都好；请求她永远与他在一起，不论是否结婚都可以。在信中，曼·雷的感情一览无遗，表现得像个卑微的情人："我不可救药地爱着你，满怀着嫉妒；这份热情削弱了我对其他一切的热情……而你从不让自己受到他人的把控，敏感而又独立……你知道，从一开始，我所做的一切都是为你好、让你高兴，即便冒着可能失去你的危险……而我真的不愿意失去你。"有人说，在描述这

让曼·雷饱受折磨的，不只是李·米勒的不可捉摸，她从不间断的韵事更让他觉得无法忍受。

李 · 米勒 《超现实主义艺术家约瑟夫 · 柯奈尔与他的一个装置在一起》 1933 年

李 · 米勒 《米罗在伦敦的动物园》 1964 年

李 · 米勒 《毕加索与李 · 米勒在毕加索的画室中》 1944 年

李·米勒 《马克斯·恩斯特与唐宁》 1946年

场爱情的时候，正确的关系陈述应该成为这样：不是李·米勒做了曼·雷的情人，而是曼·雷做了李·米勒的情人。

1931年6月7日，这对情侣之间的地震最终爆发了——李·米勒认识了富有的埃及人阿齐兹洛贝（Azizi Eloui Bey），让所有人惊讶的是，这两个隔着二十几年距离的人最终走到了一起。伴随这场结合的，是一段外表美满的婚姻的结束，以及一对超现实主义者之间的恋情最终完结。

作为摄影师的李·米勒，却是在离开曼·雷后才真正诞生的。她的镜头里有表情忧郁的艺术家、行色匆匆的医护人员、等待救助的孩子、神色欢愉的姐妹；有战争、废墟、团聚、死亡、希望，却难觅情人的影子。与战地摄影师李·米勒相关、最令人想起"情人"一词的照片，或许还是戴夫·谢尔曼（Dave Sherman）拍摄的那张著名浴缸照。李·米勒坐在原本属于希特勒的浴室里，毫无顾忌地洗着澡，表情坦然地就像坐在情人的浴缸中。在她身后，可以看到"元首"的照片，前方，是一双巨大的军靴，上面沾满了抗击法西斯战场上

李 · 米勒 《艾琳在布莱顿公园》 1937 年

作为摄影师的李 · 米勒，却是在离开曼 · 雷后才真正诞生的。

李 · 米勒 《亨利 · 摩尔在伦敦的霍尔本地铁站拍摄电影 Out of Chaos》 1940 年

李·米勒 《圣马洛森林里面的爆炸》 1944 年

有战争、废墟、团聚、死亡、希望。

李·米勒 《赫尔曼舍的木偶剧》 1945 年

她一直饱受着酗酒、抑郁以及战后创伤性情绪紊乱的折磨。

李 · 米勒 《法西斯前长官面对行刑队》 1946 年

的带来的泥土。“我在她（希特勒的情人爱娃）的床上睡了一觉。”李 · 米勒后来写道，“在一对死去的男女床上睡觉——非常舒服，又令人毛骨悚然。但我感到非常高兴，如果这个死亡消息属实的话。”

曼 · 雷继续拍摄身边的女人，技巧益发出神入化。1934 年，他历时两年的名作《Observotory Time, The Lovers》最终完成。画面里，着一双巨大的红唇，飘浮在卢森堡公园的天空里——它的灵感最初来自吉吉玫瑰花朵般圆润的双唇。可最终，它成了李 · 米勒——更长、更细、更富感观诱惑力，就像一对贴着各自身体的情侣，一面想要紧紧拥抱，以不失去对方；一面又在彼此分离，以不失去自己。

二战结束几年后，李 · 米勒逐渐对摄影感到厌倦，并最终放弃了将其作为终身职业。她回到英国乡村，从此陷入对烹饪近乎病态的迷恋。1977 年，李 · 米勒因癌症去世，在此之前，她一

李 · 米勒 《美国军队医疗队与一个死去的囚犯》 1945 年

李 · 米勒在希特勒的浴缸里　戴夫 · 谢尔曼摄　1945 年

直饱受着酗酒、抑郁以及战后创伤性情绪紊乱的折磨。在她晚年创作的菜式中，人们依然可以感受到超现实主义的层层浸染，这应该是她年轻时候在巴黎，从某位大师那里学来的：蓝色的意大利面上，放着浇满粉色调味汁的花椰菜，明丽得好似情人们在天朗气清的日子里，面朝蓝色天空，用力抛掷粉色玫瑰时的幸福。

李 · 米勒坐在原本属于希特勒的浴室里，毫无顾忌地洗着澡，表情坦然地就像坐在情人的浴缸中。

李·米勒　埃及　1935 年

贾斯伯·琼斯 《带有石膏铸件的靶》 用石灰浇铸在画布上的蜡画和抽象拼贴画 140cm×111cm 1955 年

谁是谁的“靶子”？

劳申伯格、通布利和琼斯的隐情

文　罗玛

贾斯伯·琼斯　《星》
新闻纸、帆布和木材上油彩和蜂蜡
57cm×50cm×5cm　1954 年

1950 年的某一天，25 岁的劳申伯格（Robent Rauschenbeng）初次踏进“香柏酒吧”时，或许并没有意识到自己是个同性恋者，那时他与苏珊·威尔正处于热恋之中。而作为纽约前卫艺术家和诗人汇聚的中心，“香柏酒吧”无疑是十足的男性世界，在那里艺术家们常常为艺术和女人争斗不休，其他的顾客则成为欣赏这些抽象表现派艺术家的早期观众。这是一个意味深长的场景，劳申伯格身处其中，与酒吧的常客如弗兰兹·克莱恩等人建立交往，并开始在一些颇具威望的前卫画廊展露头角，成为这个圈子的名人。这一年的 6 月，他与苏珊·威尔结婚，次年生下他们的儿子克里斯多夫。

然而，这场看似美满的婚姻维持了不到两年，便因通布利（Cy Twombly）的出现宣告结束。与苏珊·威尔离婚后，劳申伯格与通布利开始了一场从 Key West（佛罗里达州南端）到古巴再到欧洲的长途旅行。回到纽约后，劳申伯格迁入偶尔与通布利共用的位于福尔敦街的工作室。这应该算是他与贾斯珀·琼斯（Jasper Johns）长达 7 年交往的前奏。

对于劳申伯格和琼斯，尽管早期的评论界总是将他们当成一个组合来看待和评价，将他们贴

这恐怕要归因于长期以来蛰伏于人们内心的同性恋恐惧症。

劳申伯格在工作室　1953 年

通布利在他福尔敦大街的工作室　1954 年

上新达达、集合艺术、废物艺术等种种相同的标签，但对他们之间的个人关系长期以来讳莫如深。人们只知道他们二人组合的艺术身份，却鲜有人知他们曾是一对情侣，有关这方面的记载均保持相当明显的沉默、省略和遗漏。之所以如此，这恐怕要归因于长期以来蛰伏于人们内心的同性恋恐惧症。

劳申伯格和琼斯所处的年代，正是美国历史上著名的“麦卡锡主义”时期，同性恋和共产党员一样，被认为是导致政体混乱的道德败坏者，遭到联邦调查局严厉的审查。这期间，在联邦政府丢掉饭碗的同性恋者恐怕并不比共产党员少。在这样的情景下，作为同性恋者的劳申伯格自然无法指望自己的作品能够在“香柏酒吧”这样的男性世界被接受和理解。

劳申伯格和琼斯的同性关系自始至终处于秘密状态，但可靠的证据仍然显示他们的恋情至少超过了 6 年。这不仅是他们艺术创作的重要阶段，也是彼此生命中最重要和最严肃的情感经历，以至于他们于 1961 年分手的时候，两人都因不堪忍受这种伤痛而各自离开纽约回到南部的故乡，绘画风格也由此而彻底改变。对于他们的这层关系，琼斯从未提及，而劳申伯格则在一次访谈中承认：“不论私底下或作为现职的艺术家，我并不害怕贾斯珀和我的这份情感。在那些日子里，我们各自成为对方生命中最重要的人，我不认为有任何罪恶或冲突。”

事实上，在和通布利交往期间，亦即在贾斯珀·琼斯出现之前，劳申伯格的作品中就有着许多不同寻常的表达。置身于波洛克的狂暴、德库宁的挥洒及克莱恩的沉重宣言之间，劳申伯格以一系列全白的油画，敲出了异质的低音。这些画的画幅和抽象表现主义的油画一样大，却没有任何附带物、笔触，或细节，只有单调的白色加单

劳申伯格和琼斯的同性关系自始至终处于秘密状态，但可靠的证据仍然显示他们的恋情至少超过了 6 年。

贾斯伯·琼斯 《无题》 1991 年

调的白色。劳申伯格宣称那甚至可以用滚筒画出来。这些作品以压倒性的沉默，对当时笼罩一切的抽象表现主义绘画进行了一次不着痕迹的解构。在过去的三十年里，抽象表现主义只注重自我表达，很少考虑到观众的感受。他们认为自己是无国籍的艺术家，是完全自治的个人，反文化的文化工作者，能够摆脱文化和社会的制约而使手中的颜料变得具有特定意义。对此，许多男同性恋者持有不同的见解。由于男同性恋者被强势文化打上不自然的印记，被迫处于边缘地位，因此他们更敏锐地意识到个人主义或个人神话的局限性，而抽象表现主义正是建立在这样的意识形态上的。劳申伯格曾经说过："'抽象表现主义'有一套完整的语言，我永远不可能使它发挥机能——例如'折磨'、'斗争'、'痛苦'这些字眼……我绝不可能在颜料中见到这些特质。"之所以他"不可能在颜料中见到这些特质"，是因为那些特质在生活中已是如此醒目，相形之下，颜料就只能是颜料而已。劳申伯格的创作很快就反映出边缘性所产生的洞察力。他拒绝虚构的世界，赞成绘画通向文化的碎片。《被擦掉的德库宁》应该是他反对抽象表现派绘画最著名的声明，这项声明的高妙之处在于，它并不是以"在场"（自我肯定或否定），而是以"缺席"（擦掉）的形式来表达的。

然而，这一切却在琼斯出现之后改变了。这两个同性恋的男人，他们之间发展出即便抽象表现主义者也认为理所当然的共享团体，从而形成一种新的语言、新的符号系统、新的题材及绘画观念。他们的相遇，使劳申伯格彻底放弃了抽象表现主义者的自我表演，而开始将文化、政治、朱蒂·迦伦及林肯等意象带入到艺术之中，琼斯则因此成为艺术家。

记载表明，劳申伯格和琼斯都是在 1949 年迁居纽约，1952 年经艺术评论家苏西·贾伯利克的

劳申伯格 《峡谷》 220cm×179cm×57cm 综合材料 1959年

我们是彼此的第一位严肃的批评家。

介绍而相识。1954 年通布利服役，琼斯成为劳申伯格生活中的重点，在这个阶段，劳申伯格甚至停止去“香柏酒吧”，中断了和抽象表现主义画家们的交往。他曾经这样提及他和琼斯的关系：“我们是彼此的第一位严肃的批评家。实际上，他是我第一位与之分享意见或讨论绘画的画家。不对，不是第一位，塞·通布利是第一位。不过，塞和我不批评。我画我的作品而他画他的。塞的方向永远如此个人化，以致于在成为事实后，你才能讨论他的画。但是贾斯珀和我真正是在交换意见。”他们开始了日益密切的交往。在劳申伯格的说服下，琼斯辞去了当时在书店的工作，两人开始一起从事百货公司的橱窗设计。他们以“马生·仲斯”(Matson -Jones) 这个名字联手，做得相当成功。1955 年，劳申伯格将他在福尔敦街的公寓迁入琼斯位于珍珠街的房子，后来又一起迁搬到前街。

通布利 《十年后的一个清晨》 油画 1964 年

据最早发现他们的画商利欧·卡斯特利回忆，当时他为了筹办一个展览而到劳申伯格的公寓里挑选作品，劳申伯格向他提到了琼斯的名字，这让卡斯特利想起了曾经在某次画展上见过的一幅奇妙的绿色油画。他希望能够与琼斯见面，而这位艺术家恰巧就住在劳申伯格的楼下。他们一起来到琼斯的房间，卡斯特利看到了那些旗子、靶以及其他作品——这些作品使它的作者在不久的将来成为美国最成功的艺术家。卡斯特利立刻决定做琼斯的个展，而与劳申伯格的合作计划却被暂时遗忘了。

贾斯珀·琼斯 《看守人》 综合材料 1964 年

大多数的评论家认为，琼斯和劳申伯格最优秀的作品产生于 1954 年到 1961 年之间，而这正是他们情感纠葛最浓烈的阶段。劳申伯格曾经说过：“我们彼此许可。”对应这句话，不难看出他们的艺术创作不仅具有某种密切的对话关系，同时也共用了诸如灯泡、新闻纸等很多相同的材质和母题，某些作品甚至带有明显的同性恋文化

贾斯珀·琼斯 《无题》 蜡画 1975 年

某些作品甚至带有明显的同性恋文化的指涉。

劳申伯格在纽约工作室　1958 年

的指涉。事实上，对于劳申伯格和琼斯的这层关系，无论评论界是否回避，艺术家本人是否承认，他们的作品本身早已泄露了很多秘密。他们在各自的生活里创造对话、理解和支持的可能性，以两人互动的形式，共同扛起了反对抽象表现主义的大旗，将美国的当代艺术从笼罩一切的抽象表现主义中脱离并发展出来。

与琼斯热恋后，劳申伯格的生活和艺术均有重大的改变，在他完成的一系列方型画中，大胆使用了卫生纸、土和金箔等不同的材料，以简单的拼贴形式，摧毁了抽象表现主义者们将情感转化为颜料的炼金术，给观者以更多的自主空间。此外他开始了持续 7 年之久的、集绘画和雕刻于一体的“集合艺术”。这事实上是他和琼斯在一起的全部时光。他曾经向购买他的第一幅集合绘画《无题》的收藏家透露，这幅画是在某个激情时刻为一位朋友画的，这位“朋友”大约就是琼斯。有趣的是，这幅画的下半部分粘连着溅满颜料的地板，露骨地嘲讽了抽象表现派的飞溅画法，并让人们联想到一个通俗笑话：最好的画有一部分留在地板上。

对琼斯而言，与劳申伯格的结识彻底则改变了他的生命的走向，不仅使他成为艺术家，并且让他看到了替代抽象表现主义的可能性。琼斯曾经这样提及两人的相遇：“那时候他有些像恶作剧的小孩，而我认为他是有成就的行家。他已经举办过许多场展览，交游广泛，曾经在黑山学院与那些前卫艺术派的人士一起工作。”琼斯最初的作品留下很少，仅存的几件作品似乎颇有劳申伯格

贾斯珀·琼斯 《旗》 蜡画 1958 年

集合绘画的味道。

1955 年，琼斯以作品《旗》突破了包括劳申伯格在内的艺术重围，成功地开辟了属于自己的艺术蹊径。但是在表面的差异之下，琼斯的《旗》和劳申伯格的集合绘画仍然具有同样的内在动力，他们都将文化的碎片当作艺术的材料，从而远离对个人意志的颂扬。

在卡斯特利画廊举行了首次展览之后，琼斯的事业迅速发展。现代艺术馆购买了那次首展的 3 幅画及出现在《艺术新闻》上的封面画。琼斯"平淡无奇"的油画带给艺术界全新的感受。相对的，劳申伯格的"滴流画"极其复杂的构成仍然留有抽象表现派的某些特征，直到 1964 年威尼斯双年展，他才取得了与琼斯相当的成功。

琼斯曾说："我们的世界很有限，我想我们非常依赖彼此。我们需要发动能量，别人供给燃料，但是基本上这是双向的操作。"这种"双向的操作"从这时期以后的许多作品中得到证实。在巨幅的集合绘画《无题》中，劳申伯格以拼贴的手法引入了通布利的素描、琼斯的照片，以及琼斯写给他的信，表达出他对家庭及爱情的思考，将看似不能比较的过去（家庭）和现在（性爱）的爱情碎片合并为一体。而同年创作的另一件作品《短路》，则货真价实地将琼斯的《旗》、苏珊·威尔的画、以及他另一个朋友雷·詹森的作品"夹带"进去，此外，更令人注目的还有一张早期的约翰·凯吉音乐会的节目单及茱蒂·迦伦的签名照片。这一异乎寻常的表达，使人不得不联想到茱蒂·

劳申伯格和贾斯珀·琼斯　约 1954 年

迦伦作为同性恋女教主的身份。

这或许是劳申伯格首次在作品中，直接触及他的同性恋身份。此后，从唤起甘尼美神话的《峡谷》，到以“YOUR ASS”（你的屁股）这句话涂满画面一侧的《照片》以及描绘具有明显生殖器官的裸男《赌物》，他逐渐以明朗的方式，呈现同性恋文化的修辞。但对大众而言，这些表达仍然过于诡谲和隐秘，只有“圈内人”才能看得出来。至于劳申伯格本人，他事实上从未公开认同过男同性恋，之所以画那些画，有专家推测那或许仅仅是与情人开个私密的玩笑而已。

在但丁《神曲》地狱的插图系列中，劳申伯格曾画过一幅素描，其中尤其注重对鸡奸者命运的描述。按照但丁的说法，地狱里对鸡奸者的刑罚是让他们在热沙上永不停息地裸足奔跑。在劳申伯格的这幅素描里，便是用红色描绘了他的脚部轮廓。随着他与琼斯关系的发展，或明或暗的同性恋文化指涉在他的作品中占有越来越大的比重。

相形之下，琼斯的作品从未有如此明显的表露，对于自己同性恋者的秘密身份，他在 1955 年的突破性作品《靶与石膏模型》中有着意味深长的表达。这幅画包含一系列的小箱子以及放置其中的人体石膏碎片。这些断片放在蜡画的靶上面，其作为目标的躯体可以说是关在密室内的。琼斯曾在他早期写生簿杂记里写道：“一件论及物体的损失、破坏、消失的物体。不谈论他自己，只谈其他。”这句话同样适用于他本人。

我们的世界很有限，我想我们非常依赖彼此。

劳申伯格 《奴婢》 综合材料 1963年

作于1960年的《有两粒球的绘画》，或许是琼斯对抽象表现主义最不留情的同性恋批评。在这幅画中，琼斯将两粒小木球塞入被撕开的抽象表现派绘画的缝隙里，精妙地谐拟了抽象表现主义中男性绘画的野心和根源。这幅画和劳申伯格的《床》有异曲同工之妙。《床》以集合绘画的手法，将被子和枕头附加在以抽象表现派笔势画成的床上，试图在性政治的范围内，找出抽象表现派野心的起源。早期的评论称这幅画简直就像强暴或谋杀的景象。劳申伯格在这件作品中结合性和暴力，既讽喻了抽象表现主义者，也指出了他们在美学及性政治间建立的联系。

1959年，劳申伯格离开纽约到佛罗里达进行他的但丁素描，这可以看成是他和琼斯结束关系的前兆。

劳申伯格和琼斯虽然在思想上很接近，在个性上几乎是南辕北辙。琼斯内向而羞涩，很少谈论自己的作品，在接受采访时沉默且自卫的风格被冠以“琼斯式的”定语。他的创作态度迟缓、慎重，倾向于主题的重复和文学的指涉。相反，劳申伯格不仅性格外向，且出了名的饶舌，他的创作随性直观，作品指涉倾向于通俗文化而很少文学性。

他们终于在1961年分手。琼斯搬到南部，以他惯有的暗码方式开始一系列的创作，《纪念我的情感——法兰克·欧哈拉》便是绘于这一年，画的名称显然出自欧哈拉的一首名诗，诗中谈论了男同性恋之间的爱情崩溃和自我的重整。此后，琼斯开始绘制越来越大幅、有多重画板及附加不同物体的绘画，放弃了单一图像的创作。而劳申伯格则逐渐舍弃了在画的表面附着添加物体，转而实验绢印的平面绘画。或许，只有在他们分手之后，他们才真正地找到了彼此。

劳申伯格在这件作品中结合性和暴力，既讽喻了抽象表现主义者，也指出了他们在美学及性政治间建立的联系。

贾斯珀·琼斯 《花式》 油画 1961 年

来自中国的灵感

编译　于雪

克利夫顿·蒙特斯（Clifton Monteith）《改造的供桌》橡木、柳枝、野葛、黑漆和朱砂漆　2006 年

中国古典家具，尤其是明式家具内蕴的美和功能结构，以其流光溢彩的独特韵味，让世人为之倾倒。以今天的眼光重新面对这些家具，已经不能单纯视之为某种具有实用功能的坐器或者摆件，显然，它们本身就是极具创造性的艺术品，凝结了古人的智慧、才情、技艺和精微的美学品味，而成为一份珍贵的遗产。

随着全球化的到来，对于那些在政治、经济、学术、文化领域的领军人物来说，在当下的环境中，实现更加微妙而深入的跨文化交流的时机已然成熟。2006 年，美国埃塞克斯匹邦顿博物馆（Peabody Essex Museum）举办了一个别开生面的展览《来自中国的灵感》，该展以中国明清家具作为灵感来源，在探讨这些古器在功能和审美谐趣统一的基础上，将“广阔历史中的中国元素”与“不同文化背景下的当代家具制造者”联系在了一起，用实践的结果回应跨文化背景下家具制造和使用的种种可能性。

在西方，不少人对中国古典家具有一个大致印象，认为其木料上乘，制造精良，却很少有人对其风格的变化、品类的多样，以及这些变化和式样所蕴含的意义做深入的了解。造成这种局面

将“广阔历史中的中国元素”与“不同文化背景下的当代家具制造者”联系在了一起。

的原因，也许就在缺乏直接沟通和一手材料的匮乏。为了获得新鲜的灵感，鼓励借古开今的新思维，2005年6月，在中国古典家具专家白铃安（Nancy Berliner）的策划和学术安排下，来自美国、加拿大、中国等国的22位艺术家来到埃塞克斯匹邦顿博物馆，参加为期3天的中国古典家具专题研讨会。亲身接触中国古典家具的美妙，了解中国古典家具的多种变化，尤其对于西方艺术家来说机会难得。在这次内部观摩中，四十多件藏自美国当地的中国古典家具被一一陈列，在中国木工的演示下，一些家具还被拆解拼合，让艺术家们切身感到那种变化莫测的魅力。“中国家具艺术在许多方面都是富于灵感的——不仅仅止于外在形式的简洁优美，而且内部更深深隐藏着不可思议的复杂结构。”一位美国艺术家这样说。在此之前，他们还没有这样的直观感受，与会者觉得这里确实蕴涵了丰富的资源。参观和讨论中国古典家具，交换彼此的观点，使中国和美国的艺术家逐渐明晰了各自的创作思路。

在林林总总的当代博物馆中，埃塞克斯匹邦顿博物馆致力于收藏、灵感和制造之间的关系，因此才有了这次展览的创意。中国与塞勒姆地区之间的直接交流已经有两百多年历史，塞勒姆波士顿区域就有相当数量的中国家具流传下来。艺术和设计领域的国际交流，带来了空前丰富的物料和大批家具制造者，这是令这些来自中国和美国的传统家具制造者全面接触中国古典家具的绝好机会，包括细木漆器、明式硬木家具和具有地域风格的家具给人们带来类型上的惊叹。博物馆馆长并没有指定性的意见，而是尊重艺术家们的随意选择，直接把他们带到工作间，让他们与物料呆在一起，借鉴其动机、形态和概念进行一种直观的把握。“这些木椅、石凳是充满惊奇的存在。来到这里，视觉已经被扩大，我不知道竟有这样多的样式；我过去只了解中国的某一方面，现在这个领域被充分扩大了。并且，在以某种方式改变和挑战着我过去的看法。过去我认为它们只是纯粹的优美，如今则意识到构成它们的材料非常

田家青 《卧龙》 黄花梨 83cm×86cm×442cm 2005年

这些木椅、石凳是充满惊奇的存在。

多样。这意味着：即使是那些最为柔美的材料，当你再三审视它的时候，它都有着你未曾发觉的尖锐。”汤姆·胡克的这种努力使得在中国古典家具的基础之上，艺术家依据物料本身的规律进行创造，并在家具各个部分间建立了活生生的联系。最终展出的作品囊括了极其丰富的材料，并提供了审视这些材料的多种角度。

选择那些成熟的艺术家参加这次活动是相当明智的，他们的经验证明其在创造作品方面有一以贯之的能量，这是完成最后成品的前提。考虑到中国古典家具多样性的材料、功用和涵义，策展人优先考虑到他们对中国家具的某些特质存在的共鸣。譬如在材料方面，克利夫顿·蒙特斯对于柳木和上漆处理得很妙；邦尼·比绍夫对聚合粘土板有原创性发挥；理查德·普利斯科对木材和钢的工业化操作则为中国材料注入了新的诠释。为了完美地揭示那些古家具中隐藏的复杂和精致，邀请了像迈克尔·普依尔这样以人类学态度工作的艺术家，以及汉克·吉尔平，他使用的细硬木料与中国家具有内在共通性；还有琼·崔茜，她的工作无声地揭示了那些瘿木是天然的中心。而另外一些人是那些以文化的眼光来发展事物的人，譬如汤姆·胡克对于茶道和意大利设计的造诣造成了作品的微妙差异；约翰·邓尼根对家具变革历史的深入知识提供了启发性的洞察，艾未未和邵帆拆解家具并启用其中的古旧木料的做法表达了对中国传统文化的尊崇。

此后的几个月里，正如预想中的那样，与会的艺术家们从自己的立场出发，吸收并消化中国古典家具的种种心得，变成了当代前卫艺术的实践。中国传统艺术的自然美学观，曾经对 17 世纪晚期的欧洲园林设计产生过影响，现在，它又促使了当代艺术家重新审视这些特殊的材质。“源自中国的灵感”展览，是中美之间跨文化交流的重要收获。在这种交流中，所谓的国际风格被抛在一边，尊重各地区的传统变成主旨，在此基础上实现与当代的真正融合，传统因此得到了新生。

汉克·吉尔平（Hank Gilpin）《神秘莫测的红色》 榆木 91cm×193cm×456cm 2006 年

“沉思的条案”有着厚大的顶部，桌腿之间镶嵌着一棵别具一格的树……木材是榆木，它来自布朗大学一棵非常大的树，因为修建实验室而不幸遭至砍伐的厄运……这么说吧，我得到了这棵树的一小部分。一件事导致另一件。现在轮到我为这棵树和这次展览做些有意义的事情了。（汉克·吉尔平）

现在轮到我为这棵树和这次展览做些有意义的事情了。

迈克尔·普依尔（Michael Puryear）

《纪念师傅》 泡桐木 2006年

我的作品的大体概念是为道士制作一个来生的桌子和椅子……浅色的木料不仅能和传统的深色木料制作的中式家具形成对比，还能以在中国代表死亡的白色为基调……我希望二者能够拥有一种解析品质并同时带来更深层的精神体验。（迈克尔·普依尔）

以在中国代表死亡的白色为基调。

使金属也有自然的流露并且创造自身的生命。

石鼓墩　17-18 世纪

朱迪·凯斯琳·麦凯（Judy Kensley Mckie）《龙鼓墩》 2006 年

我最著名的作品是由动物的雕像或浮雕构成的动物园。我最初做木雕，后来渐渐开始用青铜、树脂或石灰岩浇铸。我在鼓凳和荫余堂里的石雕上，发现了可以应用在自己作品中的类似手法。刺绣屏风或雕花家具上种类繁多的龙也影响了我对动物的选择。我选择了一个图案的侧面用于鼓墩上，将其运到铸石场进行扫描，然后靠数码车床，在石灰岩质地的石材四周切出这个图案。（朱迪）

（左页）师建民 《椅子》 不锈钢　213cm×92cm×92cm　2005 年

在中国的古代，大多数家具是由木材制成的，但是也有很多人喜爱赏石。鉴石有许多定义，你要考虑一块特殊的石头是否有灵性，要有自然的美。在这椅子的制作中，我想要表达的是石头的内在生命，这里借用了一些赏石的特性。比如，它有鬼脸，它看起来像是有眼睛或者是动物的嘴。它还借助了一些技术。木头和石头有着它们固有的自然性质，这种美是人工制作出来的东西无法替代的。因此当我在设计的时候努力去强调这种活力和自然，使金属也有自然的流露并且创造自身的生命。（师建民）

一想到这些不同形状的桌子可以发挥不同的作用，就让人精神振奋。

带冰纹脚搁的七巧桌　红木、瘿木　18 世纪

（左页）西拉斯·科普夫（Silas Kopt）《冰纹拼桌》 白橡木　2005 年

博物馆中的这张桌子有着冰裂纹的图案，很快我就发现，这是我们当时参观时反复出现的装饰图案——在那些格子窗等器物中……我想要把拼桌拼在一起，然后我就有了这种念头。我觉得这是个吸引人的想法。西方肯定没有这样的家具，没有这样的装饰风格。中国人可以将个别家具进行不同的组装来达到不同的目的，而我们的家具只有一个功能，要么是花几，要么是咖啡桌，要么是橱柜，仅此而已。所以，一想到这些不同形状的桌子可以发挥不同的作用，就让人精神振奋。

接着我想要加入“冰裂”的图案，一方面，我想要达到明显的木材质感，另一方面，我又想采用有明显木纹的美国木材，于是我使用了白色橡木，有意改变木纹的方向，这样一来，每一张桌子都与旁边的桌子互不相同。还有一件我在中国人的实践中没有看到，而我希望做到的事情：我想使桌子看上去有这样一种效果，就是曾经有人用锤子砸破了冰，冰面从某一点分崩离析，碎片从破点逐渐增大。所以，每张桌子都有一个焦点，然后它们越来越大，沿着边缘最后在脚边消失。

所以我感到我在中国模式里运用自己的镶嵌技巧，很自然地把冰裂纹从小形的图案用到了较大的桌子的设计上……正如桌子在店里摆放的这样，我可以用任何方法把它们组装起来，这种可能性相当有意思。一共是 6 张桌子，可以摆成 L 型，也可以摆成很多种奇异的平行四边形。因此，我相信它是一件有趣的装饰品。如果放置在家里，人们可以将它随意拆解，既可以用小三角形桌子来放花瓶之类的东西，也可以拼出较大的桌子来实现另外的功能。
（西拉斯·科普夫）

坐墩　软木、大漆　18 世纪

邵帆　《圆儿》　榆木　51cm×96cm×66cm　2005 年

奥维德曾在《变形记》中说过：“一切事物皆可以变成新的形式，认识世界，就是分解世界。”庄子在《养生主：庖丁解牛》中说：“以无厚入有间，恢恢乎其于游刃必有余地矣。”我保留了明代坐墩的原型，并将其水平地扩展，并且保留了坐墩侧面的两个圆形镂空，将另外三个扩大并拉长成椭圆。坐墩的所有组件都同时扩大了。（邵帆）

坐墩的所有组件都同时扩大了。

琼·崔茜（Joe Tracy）《书柜》 183cm×51cm×41cm　铁刀木、红杉木　2006 年

温迪·丸山（Wendy Maruyama）**《镜架》** 107cm×41cm×41cm **枫木、电视** 2006 **年**

我的作品反映出以数码媒介将“日本—美国”的传统结合起来的浓厚兴趣。我被传统中国文化中的镜子、镜台以及各种梳妆用具的用途所吸引，因此发展了一种关于梳妆台的新的创作理念。在这一设计中，镜台支撑着液晶显示屏，也就是说，梳妆台的一面是镜子，而另一面则是屏幕。在屏幕上，视频呈现出了一位女子使用化妆术，将自己的双眼描画成有亚洲意味的丹凤眼，或是画成更为西化的圆眼睛。这个视频中的女人是我的妹妹，她是一名演员，一名喜剧演员。为了将这一技术汇入其作品中，我幸运地获得了在克罗拉达的一个工艺学校——安德森兰奇所提供的奖学金，同数字媒介实验室进行了合作。在过去的两年时间里，在这个机构的帮助下，我一直探索着将这一新技术注入家具作品中的各种可能性。而我将妆镜和视频汇聚在一起的作品，解决了关于身份和自我塑造等隐藏着的更广泛的文化交流问题。（温迪·丸山）

视频呈现出了一位女子使用化妆术，将自己的双眼描画成有亚洲意味的丹凤眼，或是画成更为西化的圆眼睛。

戈德·彼得兰　《立场》　78cm×61cm×61cm
电线　2006 年

香几　景泰蓝　17 世纪

被家具艺术中所蕴含的深层文化含义所吸引的彼得兰，既具备当代艺术的视角，又熟悉历史艺术品。在这次展览中，他一开始为传统的橱柜技艺所折服，但当他回到工作室之后，他发现自己所形成的“中国是精美绝伦的家具艺术的发源地”的这一认识，受到了当下将中国作为塑料制品产地这一现实状况的质疑。对他而言，“源自中国的灵感”展览会是“中国制造”的代名词。他呈现的作品《立场》，反映出他试图通过粗糙材料仿拟经典形制，探寻两种品质矛盾统一的企图。

第一眼的印象，中国无处不在。在我周围，一切可想象的东西都带着“中国制造”的记号。但是，正如中国向美国出口的简易商品并不能够反映出中国文化的真谛一样，目前的那些美丽的塑料制品也不能让我们对于这个古老的民族有更为丰富的认识。在这次展览上，我的作品是一种提问：中国的核心是什么？对于传统艺术根深蒂固的尊重和赞赏为这个民族带来些什么？一个国家如何能够保持这样的美学，却同时具有视觉上的粗糙？它是否具有某种魔力？我模仿的香儿，本身也具有“天问”的含义。所呈现的作品形式也立体对称，所不同的是我没有使用木头作为材料，而是选择了美丽的红色电线进行缠绕。这一精美的艺术品将带领人们去往难得一见的中国。我受到启示，产生灵感，从而能够进行更为近距离的观赏。（戈德·彼得兰）

所不同的是我没有使用木头作为材料，而是选择了美丽的红色电线进行缠绕。

戈德·彼得兰 《立场》（局部） 电线 2006年

唐 章怀太子墓壁画（局部）

阵铁马一万骑，甲士三万人。

昭陵六骏

传韵

文 孟晖

唐太宗李世民像

公元621年（武德四年）秋天阴历七月甲子这一天，李世民在替新兴的大唐王朝打败了最强大的两个对手——窦建德和王世充之后，率领大军凯旋长安。为了庆祝胜利，举行了类似后世凯旋式的盛大入城仪式，仪式的高潮，是在太庙行献俘之礼。

那一天，长安百姓所见到的唐军阵容，是“阵铁马一万骑，甲士三万人”（《旧唐书·太宗纪》）。所谓“铁马”，乃是指全身披有专制的铁制罩衣的骏马，以及马背上全身披挂铠甲的骑兵，也就是重装骑兵。随在这重骑兵之后的，还有三万名同样全副铠甲的步兵。就在这雄壮威武的庞大队伍的最前面，这一盛大场面的主角，是年轻的李世民。身为唐军的最高指挥官“上将”，他“披黄金甲”，率领25位大将，骑马走在队伍的最前列，其中，李勣作为重要的“下将”，也一样穿上了“金甲”，

唐　昭陵六骏之白蹄乌　204cm×172cm

原马毛色纯黑，四蹄皆白。618 年秋，李世民在陕西长武浅水原平薛仁杲时所乘。石刻白蹄乌昂首怒目，呈腾空奔驰状。

映衬在年轻的上将身边。在阳光下，李世民和他的将军身上的金甲应该是明光闪烁，连同身后铁骑们的甲胄、马衣也发出金属的寒辉，我们可以想象那是何等慑人心魄的场面。这一年，李世民虚龄也才只有 23 岁（实龄则只有 22 岁）。

对于李世民来说，“年 24 平天下”，始终是他一生中最为骄傲的功业，因此，当修建自己的永眠之地——昭陵的时候，他想到的，是用艺术的形式，在陵墓前再现年轻时代的军事辉煌。有意思的是，他并没有选择 621 年的那个盛大的胜利场面。相反，他下令用浮雕形式再现在昭陵的，是自己昔日的 6 匹战马——“昭陵六骏”。他仅仅在自己的陵墓前再现了 6 匹马，仿佛在说，关于他，关于他的军事生涯，这 6 匹马已经说明了一切，表达了一切。

是的，对于会看的眼睛，这 6 块浮雕似乎单纯的画面，饱含了丰富的、足以会意的信息。比如，插在拳毛䯄、什伐赤、飒露紫身上的箭矢，就在提醒人们的目光去注意这样一个情况：这 6 匹坐骑全都不披罩甲。换句话说，不管拥有多么庞大

不管拥有多么庞大的重骑兵队伍，李世民自己却很少跨乘配备甲衣的坐骑。

唐　昭陵六骏之特勤骠　205cm×171cm

原马毛色黄白，黑嘴头。619 年冬至次年春夏之交，李世民乘此马麾军东渡黄河，一举击垮刘武周、宋金刚，收复河东。石刻特勤骠呈慢步状。

的重骑兵队伍，李世民自己却很少跨乘配备甲衣的坐骑。事实上，在战场上，他从来都是采取“轻骑”的方式，这和他喜欢采用的战术有关，更和他的天性有关。以我们钦佩的现代名将而论，巴顿虽然勇猛，可也不会（并且也不被允许）亲自开着坦克冲到德国人的阵地上去，艾森豪威尔更不可能坐在一辆装甲车上到德军前沿去做诱敌深入的引饵，可这正是二十出头的李世民喜欢干的事：

在平薛仁杲的时候，两军交锋，李世民带领几十名骁骑直冲入敌阵当中，与自己的大军里应

唐　昭陵六骏之青骓　204cm×172cm
原马毛色苍白相杂。621 年夏，李世民与窦建德在武牢关作战时即乘此马。马身中五箭而死。石刻青骓呈飞奔陷阵状。

外合，直杀得对方大溃败，然后，他又“率左右二十余骑追奔”，搞得薛仁杲勇气尽丧，束手投降。这个时期，他骑乘的是“白蹄乌”。

大破宋金刚的时候，李世民亲率精骑从敌人的阵后发起冲击。“特勤骠”正是他的跨下神骏。

与窦建德对阵，他竟然只带弓箭，由执槊的尉迟敬德一人相伴，到敌阵前大喊叫阵。敌人大惊之下，派出数千骑兵来追赶，李世民则一边放箭，一边慢慢撤退，直到把敌军引入己方的埋伏圈——

在战斗中，人和马的生命是相系于一的。

唐　昭陵六骏之什伐赤　204cm×172cm

原马纯赤色。是李世民与王世充、窦建德在洛阳城下、武牢关前作战时的另一匹坐骑。石刻什伐赤前中四箭，背中一箭，呈带箭飞奔状。

他是拿自己当了诱饵！在这关键性的大战中，他的坐骑是“青骓”、“什伐赤”。

在与刘黑闼的交战中，李世民再次率精骑从敌阵后发起攻击，对李勣进行救援，没想到遭到敌军四面合围，情况危急，幸亏尉迟敬德及时杀来，李世民才趁乱突出重围。此时背负他的，是“拳毛䯄”。

实际上，李世民最喜欢的战斗方式，就是由自己充当前锋，在大战之中，率少量精锐部队，根据实际情况，随时捡有利的时机和位置迅猛出击，帮助主力大军掌握战局。这种轻灵、快捷的战斗方式，当然就绝不是笨重的“铁马”所能承当的。也因此，李世民的坐骑都不披铠，就并非偶然了。骑着没有防护的马直杀入敌阵，这当然让人和马都陷入了更危险的境地中，插在昭陵六骏身上的枝枝箭羽，就是明证。在这种情况下，人的安危，很大程度都系于马的好坏上。清楚了这一点，再看身负数箭，不但不倒下，而且仍然

唐　昭陵六骏之拳毛䯄（模型，现藏美国宾夕法尼亚大学博物馆） 204cm × 172cm
原马黄毛黑嘴头。622 年春，李世民骑此马与刘黑闼作战，河北遂平。石刻拳毛䯄身中九箭，呈健步徐行状。

腾蹄飞奔的拳毛䯄、什伐赤，我们就能理解它们对于李世民的非同寻常的意义，或者说，一匹神骏对于一位勇士的意义。在战斗中，人和马的生命是相系于一的，其中，也许人对马的依赖还要更多些。

因此，李世民在昭陵树起这 6 匹坐骑的形象，不仅仅是因为在一次次枪林箭雨的战斗中，它们的神勇使他得以生还并取胜，也因为它们是他的勇敢和战斗力的最好见证，他在每一次冲击敌人时所感受到的兴奋和恐惧，所经历的危险和考验，它们都同样地感受了，经历了。也许，李世民不采用千军万马的大场面来作为永久的纪念，原因就在于，虽然他曾经身为三军上将，指挥大军进行了多次成功的大战役，但是，本质上，他仍然是一个渴望敌人鲜血的孤胆英雄。当李世民表示，要为了这 6 匹神骏曾经“济朕于难”而刻石纪念时，他当然清楚，他身陷其中的一次次的危境，正是自己所选择的。这冒险的天性，恰恰成就了他独特的战术战法，成就了他的赫赫功业。6 匹没有罩甲的骏马，轻捷神勇，带着天纵的自由，还有

唐　昭陵六骏之飒露紫（模型，现藏美国宾夕法尼亚大学博物馆） 204cm×172cm
原马毛色深红。621年春，李世民骑此马在洛阳北邙山与王世充会战。石刻巧妙地表现了大将丘行恭为飒露紫拔箭的一瞬间。飒露紫四肢颤栗，呈忍受剧痛状。

什么更好的象征，可以体现李世民灵奇的战术，他超绝的武艺，以及他战士的天性？

人们当然不会不注意到，6块浮雕中，只有一个人物形象，那就是将军丘行恭。显然，有一种经历让李世民如此难忘，以至他感到仅仅展现坐骑的形象已经不够了。当然，他是对的，这块浮雕所展示的史实，是人类所能创造出来的关于战争，关于胆略和忠诚的最精彩的故事，创作者是两个勇士，一匹马。

实际上，李世民最喜欢做的事情，是带着少

这块浮雕所展示的史实，是人类所能创造出来的关于战争，关于胆略和忠诚的最精彩的故事。

数骑兵亲自侦察敌情，他侦察的方式也很特别，就是带着这些轻骑去“冲阵”，从敌人阵地中杀过去再杀回来，用自己的性命和肉体，来感受敌人兵力的虚实强弱。在与王世充对阵的时候，他又这样来了一回，带着几十名精骑冲入敌阵，一直突击到了敌人背后。可是，一道长堤的突然出现，使这些冒险的侦察兵陷入了困境。前进的路没有了，身后就是敌人的大军，更糟的是，在冲杀中，几十名随行者都跑散了，只有将军丘行恭还追随着李世民。这时候，有数名敌骑赶了上来，并且放箭射伤了李世民的坐骑飒露紫。丘行恭“乃回骑射之，发无不中”，慑于他的箭锋，敌人们一时不敢上前，趁着这短暂僵持的一刻，丘行恭跳下自己的马，动手给飒露紫拔去身上的箭矢。因此，不要误以为，画面上是军人在战斗结束后的平静中给伤马疗创，非也，此时，一面是长堤，一面是敌阵，几名敌骑就像随时准备扑上来的狼群一样在附近眈视着。画面上，丘行恭在敌人的注视下固然是从容沉着，具有压倒泰山的雄强气势，那骏马三蹄稳立，安静地接受人类的救治，只有一条后腿微微蜷曲，流露出拔箭之痛的难忍，则显示着马是一种多么通灵性的生物啊。

丘行恭在为飒露紫拔箭之后，先请李世民骑上自己的马，然后，他步行在飒露紫之前，手持长刀，一路大步奔跃，放声呼喝着，与李世民重新杀回敌阵当中，这二人双马，竟然冲过了敌阵，回到自己人中间。正像在战事的危急中，马不曾辜负人一样，在同样的情况下，人也没有抛弃马。这行为已不止是武勇，它还传达着一些古老的道德价值，因此，即使对于经历风雨如李世民者，也成为他感动一生的记忆。

李世民作为一名勇士，一员战将的生涯虽然辉煌，但却短暂。随着政治对手的一一消失，他的人生目标发生了转换。从 27 岁起，他就陷入了与先天的性格和后天的欲望不断斗争的艰难之中，为了一个更伟大的理想：让天下太平，人民幸福。李世民是高智商的人，他清楚，只要他皇帝的生涯一天没有结束，他做一个好天子的努力就不能算是成功。他的这一担忧不是没有道理，因为，事实证明，最终他果然不免也变得年老荒唐。其实，他始终有把握的只有一件事，那就是他年轻时代的军事上的胜利。这胜利不仅让的他的青春如火一般灿烂，更重要的是，对于人民有着统一天下，四海清平的意义。因此，有一次，他在对臣下检讨不该“有自矜之意”的时候，还是脱口而出：“自谓三代以降，拨乱之主，莫臻于此。”——语气真是异常的骄傲，那个时代的中国人就是这样的率真。也许，正是因为这个原因，他才要在昭陵刻上 6 匹战马的形象，既陪伴自己身后千秋万岁的寂寞，也让后人不要忘记，在变成一个好皇帝之前，他曾经是军人中的军人，是马背上的战神。

唐·章怀太子墓壁画（局部）

在变成一个好皇帝之前，他曾经是军人中的军人，是马背上的战神。

唐　周昉　《簪花仕女图》卷（局部）　绢本　设色　46cm×180cm　辽宁博物馆藏

花蝶犬鹤

——《簪花仕女图》的性喻猜想

文　刘伟冬

《簪花仕女图》传为唐代著名人物画家周昉所作，其最原始的呈现样式并不是我们现在看到的横幅长卷，最初是分为三段，专门用来嵌在一种叫离合屏风上作装饰用的，而这种样式的屏风在南唐时期是非常流行的，它所用之处一般也是较为私密的个人空间。原始的三段式虽经南宋的“绍兴样式”合三为一了，但三幅作品本身在主题、意趣和形式上是高度统一的，这也是为什么后来拼合的长卷看上去是如此“天衣无缝”。所以，《簪花仕女图》在诞生伊始并不是一件纯粹的绘画作品，而是带有一定实用功能的装饰品。

既然具有实用的功能，它的主题内容和表现形式就要与它所装饰的环境相吻合。从画面上来看，《簪花仕女图》表现的可能是皇家或是贵族妇女优雅闲适的生活场景，她们衣着华丽，姿态优美，神情愉悦又带有一点点的哀怨，其中有的在抓蝶，有的在逗犬，有的在招鹤。人物所在的场景没有交待，但却凸现了人物与人物以及人物与动物之间的一种呼应关系，这也是画家着意经营的一个玄机。其实，画家对画面场景的特征还是有所示的，在“绍兴样式”画面的左侧，就画有一株盛开的辛夷花和一座假山石，不过，它们所展现的可能只是贵族庭园或皇家林苑的冰山一角罢了。无疑，这样一幅怡情悦眼的画作与一个私密的空间（后宫？内室？）所需要的情调和意境是非常匹配的，它的确会给个中人物产生某种联想或是带来某种生活的兴趣，而画家也的确在画中隐藏了一些“他知我知”的秘密。这个秘密又是什么呢？

我在《似唐非唐》一文中曾有过这样的叙述：“《簪花仕女图》中的各种花卉已经不具有植物学意义上的特征或属性了，与节令也没有什么关系。那些插在不同贵妇头上的各种花卉，乃至画中的那些动物以及仕女服饰上的仙鹤图案不仅具有审美的意义，同时也具有某种社会的属性，除了时尚或习俗以外，一定还有更深的象征意义。”那么，现在就让我们对画中的线索——那些“可疑”的图像来作一番探究吧。

首先，我们从荷花开始。在《簪花仕女图》中有一位贵妇头上戴着一朵盛开的荷花，从作品的形式上来看，它的审美作用是不容忽视的。在前文中我也已经否定了它在作品中象征季节的可能性，（不过，在许多的传统中国画中荷花是用来表现夏季的）那么，它是否还可能具有其他的象征意义呢？一般来说，在中国传统文化中，尤其

《簪花仕女图》中的各种花卉已经不具有植物学意义上的特征或属性了，与节令也没有什么关系。

唐　周昉　《簪花仕女图》卷　绢本　设色　46cm×180cm　辽宁博物馆藏

是民间文化中，荷花是具有一种性的指向的。例如，在民间流行的荷花与藕的图案中，荷花就是用来代表阴性，而藕根据其形状则代表阳性。在中国许多地区的民间绘画中，荷花常常被用来表示或象征女性的生殖器官。还有一些地方，新娘贴身穿的红肚兜上经常是绣着荷花的图案以期唤起一种性的意识或欲望。在一些地方的方言中荷花常常被当作是“合欢”的谐音。另外，荷花作为一个图像在明、清时期的一些春宫画中是经常出现的。

另据考证，佛像脚踩的莲花也有女性生殖器的含义。《金刚经》中有这样的记述：“金刚部入莲花部，乃大乐事。”其中“金刚部”指的是男根，而“莲花部”则是女阴。因此，在许多绘画和雕塑作品中莲花图像或造型的性指向是非常明显的。当然，荷花（莲花）在佛教艺术中也有另外一番面貌和意义，它代表的是“西方净土世界”。但是，同一种物象常常具有不同的属性或意义，这在艺术的表现中是有许多例证可以说明的。比如，佛手，它常常作为吉祥物被画在一些表现喜庆祥和的作品中，以取其“福寿”之意。但在明清的一些春宫画中它又以其形和气味的特征具有了一种情色的意味。又比如鹦鹉、寿桃和兰花等物象在许多传统的春宫图中所代表的已不是其原来的意义，而是一种性器官的象征。不过，就此根据民间文化中的一些解释来断定《簪花仕女图》中的那位贵妇头上插着的荷花具有某种性的意义似乎是有点武断了。

现在，我们再来看看第二个可疑的线索。在《簪花仕女图》中有两只在贵妇间奔跑甚欢的小狗，还有一位贵妇用一根系着红缨须的木棍在逗引着其中的一只。这种叫拂菻的宠物犬在《新唐

在一种氛围有点暧昧的后花园中，安排一个人犬相互逗引、取悦的情节，其动机实在是值得怀疑。

书》中就有记载，据说是在唐武德年间（约公元618～630年）由西域传入中国的。有意思的是类似的宠物犬在五代周文矩的《宫中图》中也有出现。另外在表现贵族妇女休闲生活的著名的《宫乐图》中也画有一只宠物犬。由此可见，豢养宠物犬在中国古代宫廷或贵族家庭里可能是比较普遍的事情。当然，这种所谓普遍情形远不及当今社会甚嚣尘上的宠物热。在这股现代潮流中不排除富人之间存在的比富斗气的暴发心态，但更多的可以被看成是普通人在寻求一种情感的寄托，而且这种寄托的成分也是非常复杂的，同时也是因人而异的，有的甚至是病态的。在此我不想去引证那些可以把问题说得更加透彻的现代精神或心理病症，但我相信这种精神或心理的失衡是共时的，也就是说它不光是现代的，也是古代的。

狗在传统的中国文化中因其形和性的特征常常被看作是雄性的象征，而且这种特征已经了无痕迹地融入了我们在日常生活中流行的国骂——GRD之中。李时珍在他的《本草纲目》中还专门对狗肉的药理特征作了说明，认为它是一种暖性的壮阳食品，食用时一定要注意时令季节，否则会引起水火不济，过度亢奋，从而损害身体。当然，我并不想就此武断地下结论说《簪花仕女图》中的两只小狗就一定与所谓的性有关联，但问题是画家在一种氛围有点暧昧的后花园中，尤其是穿着玲珑剔透的女儿国里画上两只活蹦乱跳的宠物犬，同时还安排一个人犬相互逗引、取悦的情节，其动机实在是值得怀疑。

我们的第三条线索是一只蝴蝶。在“绍兴样式”的画面左侧，一位簪画的贵妇正款款而行，她右手捏着一只蝴蝶，同时又回首看着追随她而来的小狗。同样的，在中国古老的民间文化中，蝴蝶

唐　周昉　《簪花仕女图》卷（局部）　绢本　设色　46cm×180cm　辽宁博物馆藏

代表的就是男性，在传统的小说中常用“花蝴蝶”或是“采花大盗”来形容那些喜欢追逐女性的男人们。“蝶恋花”的吉祥图案也经常出现在古代乃至现代人们日常生活的许多物品上面，如被面、门帘和服饰上。在这里蝶就是指男性，而花自然就是指女性了，所谓的“蝶恋花”就是象征男女之间的爱意。不过，在《簪花仕女图》中，“蝶恋花”的寓意不是通过图案来表达的，而是通过写实的人物和蝴蝶来暗示的。

最后的线索就是那只在画面上占有重要位置的仙鹤。从情节上来看，那位头簪荷花的贵妇正用一朵小花在逗引红顶白鹤，而鹤似乎没有理睬的意思，正转身离去。一般来说，鹤在传统文化中是一种有灵性的动物，它在雄健敏捷之中伴随着优雅的姿态，常常用来比喻高贵优雅智慧的男性。在中国的传统绘画中它又常常与松树一起构成一个吉祥的主题——松鹤延年。但我对这个主题的解释是所谓的延年并不仅仅是指年龄上的长短，同时也是体格上的一种健康，一个羸弱无力的百岁老人是不可能成为社会景仰的楷模的，他首先是长寿的，同时也必须是智慧和雄健的。如果说松树在这个主题中代表的是长寿，而鹤则代表着智慧和雄健。因此，鹤的雄性特征也就不言而明了。当然，鹤的象征性也有其“消极”的一面。唐代武则天的床帏边就养着三个面首供其淫乐，而面首的雅号就叫“鹤”，不仅如此，这位开放而又放荡的女皇还在宫里收养了三千美男，并把这个机构叫做“控鹤府”。之所以选中“鹤”字，恐怕是因为在武则天的眼里这些俊男们都是与她共享床帏之欢的高雅、雄健的雄性动物罢了[①]。

四个线索——花（现代植物学认为所有的花卉都是植物的生殖器官）、狗、蝶和鹤似乎都与“性”或“雄性”有关，它们在明、清春宫画的一些性爱的场景中都频繁地出现过。所谓的深藏不露的秘密我认为就是作品本身关于性的隐喻。其实这些线索并不是我发明的，而是或明或暗的存在于画面之中。这倒让我想起了“蝴蝶效应”的理论，它源自于著名气候学家洛伦滋的一句名言，即“巴西一只蝴蝶煽动翅膀会不会在美国的德州引起一场龙卷风。”它的原意是一件表面上看来非常微小的事情，可能带来难以想象的后果。在绘画作品的研究和分析中，我认为“蝴蝶效应”理论同样有着现实的指导意义，即画面上一些不起眼的图像或情节，往往会隐含着重要的意义。这在中、西绘画中都可以找到许多的例证。当然，我并不是说《簪花仕女图》如同明、清的春宫画那样是一幅色情作品，我想说明的是这幅具有装饰功能的绘画作品用一种委婉、含蓄而又优雅的表现方式使观赏者在一个特殊的环境中会产生一些“性趣”来，或许这也是作品的实用功能之一。

唐　周昉《簪花仕女图》卷（局部）　绢本　设色
46cm×180cm　辽宁博物馆藏

①陈寅恪先生在他的一次题为《武则天与佛教》的讲演中认为这位女皇帝豢养面首并非完全出于淫乐的目的，而是与她的宗教观念和政治野心有关。因为佛经中有女人不能成佛，如要成佛，除非是广蓄面首以采补阳气的说法。（参阅黄延复所著《水木清华——二三十年代清华校园文化》P114，广西师范大学出版社 2001 年）1935 年陈寅恪发表了论文《武则天与佛教》，专门研究佛教与唐代政治的密切关系。他认为武则天之所以大倡佛教有着深厚的家族背景和现实的政治目的。因为儒家经典是不允许妇人干政的，而大乘急进派之经典《大云经》有以女身受记为转轮圣王成佛之教义。

用一种委婉、含蓄而又优雅的表现方式使观赏者在一个特殊的环境中会产生一些“性趣”。

宋　赵佶　《文会图》（局部）　绢本　设色　台北故宫博物院藏

登瀛洲

文 倪亦斌

“秦府十八学士图”是在古代中国流传极广的一个历史故事画题。在其演变的过程中，有过单人造像、有过人物散布在山林庭园各处的图式、还有过以琴、棋、书、画“四艺”为中心组织的分开的人物挂屏。到后来，到底画的是些什么人、到底有几个人入画、到底最初要表现什么历史事件都变得不重要了，开始时的“十八学士写真图”发展成为文士雅集、皇帝恩宠的笼统象征。

唐高祖李渊武德四年（公元621年），秦王李世民在虎牢之战中连败夏王窦建德、郑王王世充两家劲敌，为唐家王朝平定了中国北方。当时李世民已经有了秦王、太尉、尚书令等头衔，既是亲王有封地，又总管全国的军事和行政，实为文武百官之首。因为皇帝李渊看到已有的任何单一王位官职都无法彰显李世民在朝中仅次于皇帝和皇太子李建成的特殊地位，所以就特封李世民为“天策上将”。天策上将的特权之一是可以由其本人自己招募天策府中的官员，这在古代中国叫做“许自置官属”。有了这个特权，李世民就趁着天下比较安稳的时候在宫城的西部建立了文学馆，广聘各方贤才，扩大自己的智囊团。后来李世民一共招募到18人，就将他们分成3班，每天有6人轮流值宿于馆中 ，待之以美膳佳肴。每当李世民处理完了军国大事，朝拜父皇回府，即便引见，与之探讨政事、商略古今、阐明治道、留情坟典。“当世之人企慕之不可及，真若隔弱水而望蓬莱，宜其目之为登瀛洲也”（明龚斆《鹅湖集》卷六），时人把这批文人所得的殊荣比作登上了传说中的仙山“瀛洲”。据《旧唐书 · 列传第二十二 · 褚亮传》记载，李世民为了让“十八学士”的功绩彪炳后世，命令宫廷画师摹画这些人的肖像，标上他们的姓名和籍贯，并且让褚亮为每人写了赞词，名为《十八学士写真图》，存于皇家图书馆，以示对贤良人才的尊重。后编的《新唐书·列传

《十八学士写真图》发展成为文士雅集、皇帝恩宠的笼统象征。

明　仇英　《人物图》卷（局部）　绢本　设色

香港佳士得 2008 年“戴萍英基金会珍藏”重要中国古代绘画拍卖会 拍品 1778 号

南宋　《唐人春宴图》卷（局部）　绢本　设色

北京故宫博物院藏

第二十七·褚亮传》则指明画《十八学士图》的是当时有“丹青神化”之誉的阎立本。

然而，后世谁都没有见过阎立本所画的《秦府十八学士图》。我们现在能够见到的最早对“阎公十八学士图”或者又称《登瀛图》的具体描绘，来自南宋曾敏行（1118—1175 年）所著《独醒杂志·卷八》。在书中，曾敏行全录了时人郑昺（1157 年宋高宗朝进士）所作《题十八学士图》诗：

> 阎公十八学士图，当时妙笔分锱铢。
> 惜哉名胜不题别，但可以意推形模。
> 十二匹马一匹驴，五士无马应直庐。
> 五鞍施狨乃禁从，长孙房杜王魏徒。
> 一人醉起小史扶，一人欠伸若挽弧。
> 一人观鹅凭栏立，一人运笔无乃虞。
> 树下乐工鸣琴竽，八士环列按四隅。
> 笑谈散漫若饮彻，盘盂杯勺一物无。
> 坐中题笔清而癯，似是率更闲论书。
> 其中一着道士服，又一道士倚枯株。
> 三人傍树各相语，一人系带行徐徐。
> 后有一人丰而胡，独吟芭蕉立踟蹰。
> 一时登瀛客若是，贞观治效真不诬。
> 书林我曾昔曳裾，三局腕脱几百儒。
> 雄文大笔亦何有，餐钱但日糜公厨。
> 邦家治乱一无补，正论出口遭非辜。
> 时危王石一焚扫，览画思古为嗟吁。

郑昺历数画中驴马人物形态，传世实物图像与之相符的有北京故宫博物院藏《唐人春宴图》卷、台湾故宫博物院藏《（传）徽宗十八学士图》卷和宋徽宗《文会图》轴、戴萍英基金会珍藏的仇英画《人物图》等。如今的宋徽宗《文会图》中只有前两图中的一小部分场景，因此很可能是原先更大幅图画的一部分。这类《十八学士图》的特

翰林下直出玉堂，狨鞍宝辔声琅琅。

征是以园林为场景，学士均已下马，三三两两地分散在各处从事各种活动，并呈现多种个性化的肢体姿态。郑舄诗句中的许多细节描述都可以在这些画迹中“对号入座”。

学士的坐骑中五个马鞍上有“狨鞯”，即以一种金丝猴的皮毛作垫，是旧时炫耀地位的标志。北宋词人李之仪有《贺李方叔得眉山玉堂赐马公自书券》诗曰：“翰林下直出玉堂，狨鞍宝辔声琅琅。”仇英以其职业画家的精细笔触为我们再现了当年的奢华。

大学士们有不胜酒力、醉得站立不稳而让仆人搀扶着的，有酒足饭饱后打哈欠、伸懒腰，两臂的姿势仿佛要挽弓似的。

有一人想独自静静心而倚栏面朝湖水、游鹅的；有诗兴勃发、在仆人手捧着的诗笺上恣意挥毫的。

在一侧树下有数名乐工坐于氍毹上奏曲助兴，旁有屏风相蔽。

有八位学士围桌而坐，珍馐佳肴罗列案面，看来这几位胃口极好，依然酒兴正浓，餐桌下首站着的是一名乐工，正手拿拍板在说唱助兴；

庭园一隅有一身穿道袍、头扎小巾者倚靠在一虬曲老树上同一戴纱巾拄杖者相谈正欢。

在一棵柳树下聚集着三位志同道合者，斜靠在树干上，一手拽着柳枝的在朗读，一站一坐的两人相互顾盼，似乎各怀心得，有灵犀一点。

居然还有一位大学士可能是因为吃喝得太多，边走边在重新调整他的腰带。

还有一位胖胖的美须公独自走到了芭蕉树下，拱手吟诵。

近千年以前的古人郑舄对一幅极易损毁的绢本绘画的详细描绘居然能让当代人按图索骥、对号入座，实属难得。从史书记载看，当初在唐代李世民吩咐画师所绘的实际上是一幅幅独立的各

南宋 《唐人春宴图》卷（局部） 绢本 设色
北京故宫博物院藏

南宋 《唐人春宴图》卷（局部） 绢本 设色
北京故宫博物院藏

（传）徽宗 《十八学士图》卷（局部）
“或控或牵，解辔备鞍，闲戏而赌钱者，亦其状之不一也”

（传）徽宗 《十八学士图》卷（局部） “衣帽间”

人带有赞词的写真肖像，这种功臣造像流传下来的典型例子是《凌烟阁功臣图》。因此，虽然郑淯在诗中声称他在题颂“阎公十八学士图”，但是事实上描绘十八学士分散在山林、庭园中活动的图景不可能出自阎立本笔下，而可能要晚至北宋年间才问世，恐怕是出自北宋宫廷画院画师的再创造。《秦府十八学士图》的这一图式在明代文人郎瑛（1487 - ？）《七修类稿》里又被详细提到。在《七修类稿 · 卷四十四 · 事物类》中有一则札记题为“十八学士卷”，其中提到他见过“宋宫所藏唐人十八学士袖轴一卷”。手卷“前段树石参差，纵放群马，或正或背，横立回身，其状不一”，所述同北京、台北两画迹均相匹配。郎瑛还特别描绘了画中僮仆们在牵马、整理马具和闲耍的场景：“或控或牵，解辔备鞍，闲戏而赌钱者，亦其状之不一也。”

郎瑛也详述了学士们写字、看鹅、坐石攀柳观书等细节，也有“席上学士十八人，倚坐笑谈把盏”一幕。他还不厌其烦地细数了乐队中乐官7人使用的乐器，计有“筝、卷、箫、板、琵琶、箜篌（竖琴）、凤笙”等。北京和台北故宫博物院的两卷画中都只有6名乐师，所以与郎瑛所见版本略异。郎瑛注意到的另一个细节在北京故宫的《唐人春宴图》中已不复见，即“末后竹林一亭，亭中皆叠学士衣服”。《(传)徽宗十八学士图》中留下的这个细节使我们今天的观者得以一窥起码是我们宋代祖先的这一习俗，了解当年开豪华“派对”时的衣帽间是什么样的。

郎瑛在《七修类稿》中录下了他所见的手卷中宋徽宗的题诗：“有唐良治咏康哉，辟馆延登经济才，雍泮育才今日盛，汇征无复隐蒿莱。”此诗与如今留在《(传)徽宗十八学士图》上的墨迹大同小异，后者是：“有唐至治咏康哉，辟馆延登经济才，雍泮育贤今日盛，汇征无复隐蒿莱。”文献、实物两相印证，同时提升了两者的可信度。

表现文人雅士在山林庭园中徜徉作乐的《秦府十八学士图》有一个变体，就是在图中多了几栋亭阁，将人物的主要活动放到了屋顶下面。代表这一变体的例子在明代有重彩商业画《十八学士登瀛洲图》。画中摘取了几个典型的文会场景，诸如下马到达、宴饮、弈棋等等，还引人注目地增加了明代人物画中频繁出现的鉴赏青铜器、瓷器等古董的“赏古”场面。在清代的例子——张廷彦的《登瀛洲图》中，学士策马到达的细节被强调了。在图像最下部的近景中，三位褒衣博带、头戴乌纱帽，正踌躇满志地策马越过通往宫阙的木桥。在以前的《登瀛洲图》中，如果有文士坐骑的场景，都是人马分离，由仆从牵马溜达。可能因为受到清初所谓“南宗正派”王时敏、王监、王翚、王原祁“四王”所倡的正统山水画影响，原来画中的人物被淹没在蜿蜒不绝的“之”字形山林殿阁之中，几乎成为山水的点缀，恰如时人方薰所诟病的：“海内绘事家，不为石谷牢笼，即为麓台械杻。”(《山静居画论》)

事实上，这种将文人的雅集活动置于优美的古典园林建筑之中的图式可能在宋元时代已经出现，而且，前景中三位俊彦扬鞭策马抵达阆苑的细节也不是张廷彦首创。因为绢本、纸本易损易毁所以存迹难觅。但是后代留存的这一图式的实例雄辩地证明它们当初都有所本。早于明末商业画和清中期宫廷画，在元代大圆漆盒盖上就已经能见到这一图式的踪迹。在日本神户白鹤美术馆收藏的一款螺钿镶嵌盒盖上，文士们亭榭中飞檐下观画、抚琴、小酌、休闲。尤其值得注意的是，在此幅螺钿镶嵌画上，前景中有三位文士抵达的场景。这一新起的三人骑马造型为后来更为概括简略的《登瀛洲图》开启了先河。

20世纪50年代，重庆江北区大竹林明初蹇氏墓里出土了一支金掩鬓钗。钗首呈云朵状，正面的浮雕画中前有骑马官人三位，后衬亭台楼阁，阁中可辨四文士。《中国金银玻璃珐琅器全集3》为其所写的图注称此纹饰为“精美的出行图”，显然失之简陋。扬之水先生在《收藏家》2008年第四期写专文拨乱反正，移用从明代奸臣严嵩家中抄没财物的记载《天水冰山录》中的名称，将其命名为“金《瀛洲学士图》掩鬓”。如果将此掩鬓上的纹饰同元代螺钿画相对照，《瀛洲学士图》的来龙去脉就水落石出了：前景中的骑马三学士的形象被加强、突出了，后面整个文士雅集的大画面被概括、浓缩成了一个楼阁中的四人，再加几顶庑殿。

金钗首背面题《三学士诗》一首。乍一看，似乎正面图像上的骑马三俊彦同诗题中的“三学

海内绘事家，不为石谷牢笼，即为麓台械杻。

清　张廷彦　《登瀛洲图》轴（局部）　绢本设色　1768 年作　台北故宫博物院藏

阆苑朝回春满袖，宫壶醉后笔如神。

士”相对应，其实，“三学士”一词作为中国文化典故常常用来虚指学问最高、能为帝王亲自倚重的文化英才，不一定是三位，也不一定是特指的三位。正因为如此，在《西厢记》中，剧作者才会借了红娘之口半劝诫、半调侃地说准备去京城应试的张生：“休为这翠帏锦帐一佳人，误了你玉堂金马三学士。”《三学士诗》曰：“冠世文章绝等伦，瀛洲学士盛时人。玉堂金马声名旧，明月清风气象新。阆苑朝回春满袖，宫壶醉后笔如神。平生自是承恩重，每赐金莲出禁宸。”金马门是汉代未央宫的宫门，因汉武帝得了大宛天马之后，以铜铸其像立于宫门前而得名。金马门和玉堂均为汉代的学士待诏承旨、以备皇帝垂询顾问之所。唐代以后，学士待诏改称翰林待诏，“金马玉堂”也从此代指翰林院和翰林。

《三学士诗》的每一联都或明或暗地镶嵌一个帝王恩宠学士的典故。首联“冠世文章绝等伦，瀛洲学士盛时人”中即提“瀛洲学士”，也即“秦府十八学士”。颔联“玉堂金马声名旧，明月清风气象新”，典出宋代欧阳修所作《会老堂致语》中的千古名句：“金马玉堂三学士，清风明月两闲人”，暗指北宋位极人臣的欧阳修、赵槩、吕公著三人。颈联“阆苑朝回春满袖，宫壶醉后笔如神”指射唐玄宗宠纵李白扶醉金銮殿、视其神思如泉涌而召为翰林之逸事。尾联曰：“平生自是承恩重，每赐金莲出禁宸”，说的是帝王以自己的金莲花炬伴翰林出宫回住处。《新唐书·列传第九十一令狐绹传》中所记为史书上最早可考的此类记录，为主子善待知识分子的雅闻开了先河。唐宣宗在与令狐绹夜谈之后，命令用自己的皇舆和宫中金莲炬送其出禁中，当时翰林院中人在深夜见到御前排场由远而近，惊诧地以为天子驾到，到跟前才看清只是令狐绹一人返院。据清人赵翼在《陔馀丛考·宋金莲烛送归院者六人》一则札记中总结，

元代　雕漆螺钿人物故事图纹圆盖盒（局部）　日本白鹤美术馆藏

仅赵宋一朝获此礼遇的翰林就有六人，其中最有名的是《帝鉴图说》一书所举的“烛送词臣”。据《宋史·列传第九十七苏轼传》载：有一天，苏东坡在宫中的翰林院值宿，晚上太皇太后和皇帝哲宗召他去顾问。君臣对谈甚洽，临了让宫人提着殿内的一对金莲烛前导苏东坡回翰林院。

在众多的明代视觉艺术形式中，零敲碎打地指涉这些家喻户晓的圣恩隆眷比比皆是。如晚明才子沈鲸在其所撰传奇《双珠记·廷对及第》一场中就用了“朝登瀛洲，暮赐莲炬”这一对子。作为在同一时代意识形态的另一表现——《三学士诗》则一下子用了四联排比，极力宣扬历代士子中“学得文武艺，货与帝王家”的成功典范。如此令人钦羡的荣誉、令人垂涎的高位使得“登瀛洲”、“三学士”在当时社会成为夺人眼球的“品牌”。既然如今商家可以利用姚明、刘翔的知名度来销售可口可乐，可以利用朗朗的成功让他代言雅培奶粉，当时的金银铺、瓷器作坊也会瞄准这

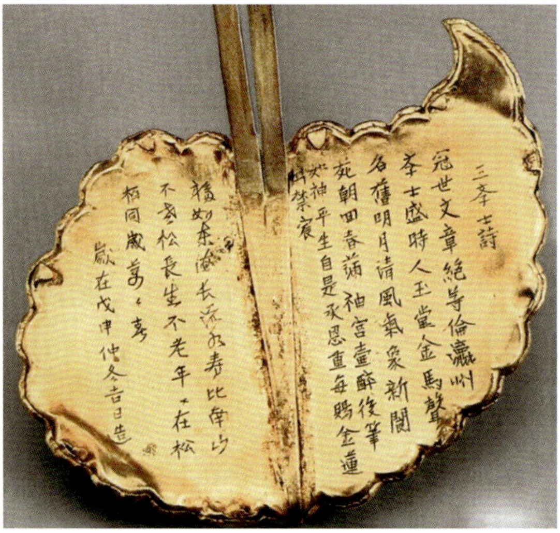

明　金三学士图纹掩鬓钗（正面 / 反面）

重庆江北大竹林明墓出土　重庆市博物馆藏　图自《中国金银玻璃珐琅器全集 3 · 金银器（三）》

些知名度极高的图像母题——所以悬挂、陈设在厅堂里的文士骑马赴雅集的造型也可被搬上妇人的发钗、被用来装饰瓷器。

2008 年 5 月 14 日苏富比拍卖行在伦敦拍卖瑞典实业家约翰 · 侃谱博士（1884 ～ 1967 年）生前所藏中国古代重要金银器，其中也有一枚《登瀛洲图》掩鬓钗首。明清时仕女流行戴假髻，掩鬓的簪或钗顾名思义斜插在脸侧鬓边，是头面首饰的一部分。因为这支掩鬓的钗脚已经遗失，苏富比的《拍卖图录》将其称为“饰片”。掩鬓钗首常常被做成云朵状，有的造型自然灵动，像蹇氏墓出土的那款，有的轮廓线方正敦实，譬如这款。此钗首为纯银所制，几乎呈方形，在左上角凸出一个浪花般的卷角，留下了从自然的云朵状演变而来的痕迹。在 6 厘米见方的钗首面上，用银片、银丝錾镌锤焊而做成圆雕、浮雕形象。别看钗首面积不大，上面的人物、建筑、树石安排得错落有致、层次分明。前景是最前排三位俊彦，春风得意，策马前进。马的鬃毛和人物表情都细微可辨。中景是第二层的三名骑马随从，打着长柄羽扇以显示主人的尊贵，人物似脱颖而出，焊在银丝上的银片羽扇颤颤巍巍、随步摇曳。背景是重檐楼台和树干藤蔓，屋顶正脊上甚至还雕塑着宝顶和鸱吻以示建筑的高规格。

用来拢抑乌云的掩鬓上多见龙凤穿花、蜂蝶探蕊、飞天托钵。《学士图》为帝王的政治宏图而生，恐怕只有满口“仕途经济”、惹贾宝玉心烦的薛宝钗才会自己挑选如此男性化的题材装扮自己。上海曾有明墓中出土凤冠，两侧还配有两片玉掩鬓，为今人提供了掩鬓用法的实例。湖广总督毕沅墓中出土的精致凤冠上缀有书写直白的“恩荣”和“诰命朝冠”金牌。是否可以做这样的猜测：在专制皇权体制中，廷臣女眷的体面和排场无不仰仗君主鼻息，《登瀛洲图》纹掩鬓极可能是同诰命夫人的凤冠配套而由夫婿定制？男女之间在各个时代有各种各样的情分，用“天策英才聚一堂”的纹饰做头面也可以体现在夫荣妻贵的社会里男人对女人的一份情。

用“天策英才聚一堂”的纹饰做头面也可以体现在夫荣妻贵的社会里男人对女人的一份情。

宋　赵佶　《文会图》（局部）　绢本　设色　台北故宫博物院藏

惠斯勒 《白色交响乐第二号：白衣女郎》 油画 1864 年

惠斯勒先生的十点钟

文 奥斯卡·王尔德 译 杨东霞

昨晚，惠斯勒先生作为一位论艺术的演说家在王子大厅首次公开亮相。演说持续了一个多小时，惠斯勒先生卓越的口才使得其他类似的演说黯然失色。惠斯勒先生语调优美，极富魅力。他首先谈到了人类的史前史，叙述了早期的猎手和武士是如何在外追奔逐鹿，血战疆场，而那些艺术家则坐在屋子里专心致志地替他们制作各种杯碗器皿。最初他们只是粗糙地模仿自然界的物体，像葫芦瓶等。随着对自然界的美的逐步认识，第一只精致的花瓶在他们手中诞生了。接着，更具有文明色彩的建筑物，手扶椅等相继问世，设计精美，刻有各种菱形花纹。许多生活用品也制作得极为精致。猎手和武士们累了便躺在椅子上，渴了就喝碗里的水，他们根本没有注意到那些精美的设计和雕刻。惠斯勒先生在演说中谈到原始的食人肉的非利士人[①]对艺术品的这种毫不在乎的态度，同时他也鼓动他的听众对艺术也采取此种态度。有人说道，只要一想到此种论调，这次时髦的演讲会就似乎是显得有些尴尬，从而也就没有任何快乐可言了。然而，惠斯勒先生态度亲切，温文尔雅，他向听众们宣传说，他们现在唯一应当培养的便是丑陋，未来艺术的希望都寄托在他们的永恒的愚蠢之上。

演讲会的场面让人兴奋，快乐的气氛无处不在；惠斯勒先生站在那儿，像一幅靡菲斯特的肖像，嘲笑着芸芸众生！他像一位医术高超的外科医生，开导着一群注定将要在死后被用做医学解剖的人，告诉他们，他们的病症对科学事业具有极大的价值，同时又告诉他们，他们身上的任何一点毛病都会给自己带来不可避免的痛苦。然而，我得为听众说一句公道话，他们看来非常乐意摆脱在受称赞时所承担的可怕的责任；他们的热情空前高涨，因为这时惠斯勒先生告诉他们，不管他们的衣着如何粗俗，居住环境如何简陋，一位伟大的画家，如果有这样的事情，都可在黄昏的朦胧之中，在眼睛半张半合的恍惚之中，在真正如画的景色之中观察并审视他们，然后创作出一幅他们毋庸看懂的图画，至于欣赏就更谈不上了。接着，几支闪亮的利剑从惠斯勒先生那儿飞快地射将出来，射向那些考古学家，说他们耗费了一生的心血却没能证明什么东西，他们只凭年代的久远或物体的腐朽程度来评估一件艺术品的价值；利剑还射向那些艺术评论家，他们往往将一幅画视作一部小说，并试图找出其中的来龙去脉；利剑又射向那些对事物一知半解的家伙，或者说是半吊子；(啊，真是罪过！）受利剑攻击最厉害的是服装设计师。"委拉斯开兹不是连衬裙衬都画了吗？你们还要怎么样呢？"

他们往往将一幅画视作一部小说，并试图找出其中的来龙去脉。

孔雀大厅是惠斯勒为雷兰爵士所做的装潢设计。由于他擅自用了大量金箔描绘华丽的《孔雀战斗图》，惹恼了主人，结果雷兰只付给了他一半的报酬，但这间孔雀大厅在工艺美术史上留下了盛名。

对人类糟蹋了一阵之后，惠斯勒先生又把攻击的目标转向了自然界，称其为水晶宫，像公众假日那样热闹非凡，是一个嘈杂的世界，不管是在公共汽车上还是在其他地方，到处都是闹闹嚷嚷的；接着，惠斯勒先生又用一段优美的类似柯罗文字的描述谈到了拂晓的朦胧景色，说它具有一种独特的艺术价值，因为在此时，生命的实际意义消失在美轮美奂之中，平平的事物带上神秘而迷人的色彩，仓廪变成宫殿，工厂高耸的烟囱看起来像是云雾中的座座钟楼。

惠斯勒先生对所有的人都大肆攻击，只有一个评判绘画的画家幸免于难，他还诚恳地请求听众们不要受美学思想的诱惑，误以为自己的周围存在美好的事物。惠斯勒先生的演说以一段描述扇形富士山的精彩文字作为结束。最后，他向听众们深深地鞠了一躬，这些听众为他的富于智慧

他还诚恳地请求听众们不要受美学思想的诱惑，误以为自己的周围存在美好的事物。

的魅力、他的似是而非的隽语和他天生的口才所深深折服。毋庸讳言，在如何认识我们周围美好事物的价值这一问题上，我与惠斯勒先生的看法大相径庭。艺术家不是一种独立的存在，他是依附于某一中心的附属物，或者说是随从，他不可能出自一个缺乏美感的国度，就如同无花果不可能从刺藜中长出来，蓟草中开不出玫瑰花一样。艺术家能在丑陋中发现美好的东西，美源于丑，这是文化各界的老生常谈，是绘画界的行话。但是，我强烈反对让那些极为可爱的人去待在有紫红色软椅的房间里，让阿尔伯特去待在有蓝色窗帘的屋子里，然后供那些画家一面从侧光去仔细观察，一面审视其价值。我也不认为只有画家才能评价绘画作品的好坏。我的看法是，只有艺术家才能对艺术评头论足，这和上面的说法具有完全不同的含义。一个画家如果只是纯粹的画家，那么，除了画具和调色油之外，他就没有资格再谈论其他的东西了，对那些要讨论的话题，他最好是缄口不语；只有当他真正成了艺术家的时候，才有可能懂得艺术的真谛。艺术不是五花八门的，它只属于同一个范畴，不论是诗歌、绘画，还是巴台农神庙、十四行诗和雕塑——所有这些都蕴含着同样的意义，人们可以举一反三，触类旁通。然而在这当中，诗人是最高等级的艺术家，他主宰着色彩和形式，统领着所有的生活和艺术，真正的音乐家亦如此；同时，只有诗人才了解这些艺术的秘诀；我这里所指的诗人是埃德加·爱伦·坡和波德莱尔，而不是本杰明·韦斯特和保罗·德拉罗什。但是，我不会再去聆听其他人的演说了，除非我和他们的观点有所不同。惠斯勒先生昨晚的演说极为成功，就如同他所做的每件事情一样，不仅充满了令人难忘的机敏和诙谐，而且有不少精彩绝伦的片段——这些片段带有一种庄重的气氛，这种庄重使有些人感到惊异，因为他们一向认为惠斯勒先生是一位幽默大师，却还不知道他也是一位绘画大师呢，而这一点我们是知道的。我认为，惠斯勒先生确实是极为伟大的绘画家之一。再加上一句，他本人也一定会同意我的看法。

惠斯勒 《玫瑰色与银白色：瓷国公主》 油画 1863 年

①非利士人，往往用以指没有文化修养的平庸之人。

大卫 《马拉之死》 165cm×128cm 油画 1793 年

马拉之死

文　马凌

1793 年 7 月 13 日，同情吉伦特派的外省青年妇女夏洛蒂·科黛，将一把木柄小刀刺进了雅各宾党领袖马拉的胸膛。这个法国大革命期间最著名的“谋杀案”被画家大卫表现了出来，是为《马拉之死》。画面里马拉如圣徒一般安详，这里没有科黛的身影，但是有她的名字——马拉左手握着的那张便条上写着：“1793 年 7 月 13 日，玛丽·安娜·夏洛蒂·科黛致公民马拉：我十分不幸，指望能够得到您的慈善，这就足够了。”这纸条或者是大卫的杜撰？据说科黛为了求见马拉的确写过纸条，但是纸条的内容不是这样的。从激进的雅各宾党的角度，科黛是谋杀领袖的凶手、人民的公敌。但是从温和的自由主义者的角度，马拉才是暴君，科黛是有着惊人的美貌和镇定、为了共和主义不惜自我牺牲的女英雄。（新书《法槌十七声》提到这个著名的案件，值得一读）

正是因此，《马拉之死》这幅画在立场不同的观众看来，其实有着不同的蕴含。理查德·桑内特的《公共人的衰落》一书，无论是英文版还是中文版，都将这幅画用作了封面。我有些担心的是，英文版读者或许理解其中的微妙之处，而中国的读者恐怕只知道那个雅各宾立场，如此一来，从马拉那里展开联想，把书的主题理解为“公共知识分子的衰落”，那可就差得太远了。

“The Fall of Public Man”，对应的是“The Fall of Man”，第一个女人“引诱”了第一个男人的母题。事情发生在某个私密乐园里，两人本来是丁克家族，过着不用劳动的神仙眷侣生活，Fall 了以后，不得不走进广袤的世界繁衍人类辛勤劳作。当他们的后人多了起来并且联结成社会，人们的生活环境开始划分为私人与公共两部分：他在自家火塘边上打盹，这是私人生活；他抄起长矛和伙伴共同出演“史前一万年”，那就是公共生活了。“公共”意味着向任何人的审视开放，而“私人”则意味着一个由家人和朋友构成的、受到遮蔽的生活区域。所谓的“文明”多半是从公共角度来定义的：“从某种意义上说，只有当欲望、贪婪、嫉妒等不可告人的小秘密都被封锁起来之后，人们之间才可能有文明相处的关系。”所以，公共生活中的 Public Man 是一定要戴上人格面具的。

我十分不幸，指望能够得到您的慈善，这就足够了。

也许是我胡乱联系了，我觉得桑内特用《马拉之死》当封面，是为了呼应他的主题——也就是从人类学的角度考察公共空间的变化。与哈贝马斯和阿伦特的“公共领域”有别，桑内特所说的“公共”是指“人们和陌生人的说话方式、他们在街道上所穿的服装以及室外空间与室内空间的对比；并且通过对日常行为和艺术领域中经过精心组织的表达进行比较，它厘清了这些具体行为的含义以及它们的表达性。”另一部更有名的著作很能说明这个主题“肉体与石头”。

在大卫的画笔下,《马拉之死》这幅作品是“经过精心组织的表达”,除了上面提到的科黛的便条,在木墩上还有一封信：“请把这五个法郎的纸币给一位五个孩子的母亲，她的丈夫为祖国献出了自己的生命。”体现的是马拉与人民休戚与共的一面。木墩上除了那清晰的大字“A · Marat，David”（献给马拉，大卫），据说尚有一行小字：“N'ayant pu me corrompre，ils m'ont assassiné”——“因为不能收买我，所以他们把我暗杀！”一幅画上出现这么多解释说明文字是很少见的，看来，大卫作为马拉的朋友，的确是不遗余力地予以正面歌颂。

法国大革命的思想资源是激进共和主义，而共和主义的根子可以追溯到古罗马，所以 18 世纪人们对罗马共和时期的追忆，往往体现为对庄严肃穆的罗马风格的模仿。《马拉之死》里面的白色浴缸、绿色桌毯、白被单和原色木墩，是与当时法国的时尚风格格格不入的，倒是单纯得颇具古罗马神韵。细看起来，马拉的面部表情并不愤恨和痛苦，竟有几分安详，这也与英雄所需要的庄重仪态相吻合。这幅画就是光线太假了，从左侧投入的光线，直如舞台追光灯一般，一方面把马拉衬得骨肉停匀、见棱见角（肌肉感很好，至于折磨马拉的湿疹，一点也没表现），一方面也泄露了秘密：这分明是一个人为的悲剧舞台场景。

说到公共空间与私人空间，马拉的浴室本是私人空间，有趣的是，只有浴缸的一个小角和一小块水面在提示这是一个浴室，其他道具都在展现此乃办公室，也就是说一个私人空间充做了公共空间的用途。以当代人的公私观念来说，一个赤裸的大男人坐在自家浴缸里被美艳的女杀手刺死，可供私密联想的地方太多了。而从这副画当时的接受情况看，没有人以为马拉这样子有何尴尬。就像国王和王后在凡尔赛宫廷里当众脱衣穿衣一样，公共人物的身体是要放置在公共视线之下的。公而忘私，大公无私，马拉作为公共人的一面，通过他在私人空间里的殉职而更被凸显。

历史上，马拉死后，这间浴室成了民众前来吊唁的地方，1793 年革命风暴的一个地理中心。处死科黛的断头台则是另一个更为常见的 18 世纪公共空间——广场。《公共人的衰落》描述的是公共生活如何从“戏剧模式”向“述行模式”的变化。马拉之死堪称戏剧模式的典型，在马拉这等拥有强大卡里斯马的公共人面前，普通人仅仅沦为看客，演员和政客成为公共生活的中心，普通人渐渐失去在公共空间进行交流和表达的能力，长此以往，他们连了解他人的冲动也全都失去了。由于城市人更加关注内心感受、更少参与社会活动，造成了当代社会的普遍自恋和冷漠。这一种“亲密性的专制”使公共人衰落了，取而代之的是城市街头的匆匆过客。——就我个人而言，如果马拉不死，广场上的山呼海啸成为公共生活常态的话，那更可怕。

蒙克 《马拉之死》 油画 1907 年

马拉作为公共人的一面，通过他在私人空间里的殉职而更被凸显。

《药物志》书籍插图 512页

笔记

青草无名

文 马凌

过去喜欢植物图谱，根须浮在空气里，花是花，叶是叶，果实在旁陈列，有时候带个小小剖面图，一行我所不懂的拉丁文工整地签在留白处，好像在说：唉，告诉你你也不懂，不过还是告诉你吧，它叫 Malus Transitoria。

啥？

需要细细研究、对照图片方才明白过来，此乃“花叶海棠”。

《植物的故事》原名 The Naming of Names，翻译成“植物的故事”反倒失真了，此书谈的是植物的命名史，从古希腊的狄奥弗拉图斯写到 18 世纪英国植物学家约翰·雷，以各种著名“草药书”和“植物志”为线索，铺陈出给植物命名的社会史和书籍史。

《圣经》里上帝把动物的命名权给了亚当，对于植物的部分语焉不详，直到今天那“禁果”到底是苹果是柠檬抑或其他，尚未有个定论。何况巴别塔之后，植物的命名体系更是混乱的，你叫它玉米，他叫它蜀黍，老英国人叫它 Turkie Wheate——土耳其小麦，知道感恩的美国人叫它 Indian Corn，不知道感恩的扔了 Indian 只叫它 Corn，王老汉探头瞧了一眼说，呸，这不就是棒子嘛！最搞笑的是久居城市不辨五谷的小 MM，

直到今天那“禁果”到底是苹果是柠檬抑或其他，尚未有个定论。

达芬奇　素描手稿　1506 年

只认识它的升级版本奶油爆米花，作为植物的有根有叶有缨须的它？没见过。

其实呢，当人类不打植物的主意时，植物叫何名字本不相干。1503 年丢勒完成了著名的水彩画《青草地》，画面上的植物几可乱真，据植物学家研究指出，包括有“牧草、婆婆纳、蒲公英、狗舌草、鸭茅、雏菊、大车前草、康德草、欧蓍草”。丢勒知道这些名字？我很怀疑。我感动的是画家能够从蚯蚓般匍匐在地的视角，细致临摹自然界的平常一隅。暮春三月，春草醉软，画家和观众也沉浸在活泼泼的生命中，是以感人。

植物不需要有一个人类给取的名字，是人类需要给植物取个名字，名字后面包藏祸心，有医药上的利用、有花艺上的虚荣、有知识权力的争夺、有海外贸易的图谋、还有书商画匠的利益驱动。读完此书，不知怎地却不大喜欢功利性的“植物图谱”这种范式了，很疑心如果植物编了本“动物图谱”的话，会不会画一个正面全裸的小人，旁边列举着各器官的剖面图，下面标着这样的话：学名“人类”，别名“邪恶人类”，味臭、性寒，毫无利用价值。

所以还是要回到丢勒的《青草地》。丢勒曾在论文中写道：“大自然中孕育的每条生命，无不示人以真理。我虽多年不懈地观察、思索，也曾无数次置身其中，却始终不敢妄下论断。想凭个人之力勘破端倪，只会令你误入歧途。因为真正的艺术就隐藏在自然之中，而且只有能够将它画下来的人才能拥有它。”丢勒也画过植物图谱类的东西，但是在这捧青草前，他那些芍药、百合、牛舌草、耧斗菜、紫罗兰、毛茛、连香报春草等全都黯然失色。甚至梵高的向日葵和鸢尾花也过于“人类中心”了——青草地，有一颗对生命的谦卑敬畏之心。

我感动的是画家能够从蚯蚓般匍匐在地的视角，细致临摹自然界的平常一隅。